セラピストは一生の仕事

心づよいミカタとなる、セラピスト・シェルパ30

「セラピストの学校」校長

谷口 晋一

BAB JAPAN

はじめに

◉現代の「成功セラピスト」とは？

読者の皆さんこんにちは。私は「セラピストの学校」校長、谷口です。

普段、私はセラピストが活躍するための情報提供だけでなく、全国各地でのスクーリングやマンツーマンでのサポートなどを通し、様々なセラピストたちと関わっています。

そこでよく質問を受けるのは、次のようなことです。


「セラピストとして開業するにあたって、成功するポイントは？」

「セラピストとして長く活躍し続けるには、何が必要ですか？」

「私、一生セラピストとして生きていきたいんです！　具体的に何をすればいいでしょうか？」

「開業してみたものの、思った通りにいかなくて……。どこが悪いのでしょう？」

いうならば、セラピストとしての成功のコツについてです。セラピストなら、誰でも知りたいことですよね。

ところで、セラピストにとっての成功ってなんでしょうか？

以前なら、多店舗展開であるとか、毎月○万円の売り上げとか、リピート率や紹介率などの経済的な指標があり、成功の定義になりやすかったように思います。

しかし、これまで16、17年もの間、セラピストたちの間近にいて、最近、明らかな変化を感じています。これから活動しようとするセラピストたちや、今まさに活躍しているセラピストの思いを耳にすると、経済的な基準

セラピストにとっての、〝成功〟とは何だろう。はたして、お金をたくさん稼ぐことなのか？

だけが成功の定義ではなくなってきているのです。

現代における「セラピストの成功」を、私が定義づけるとするならば、次のようになります。


「セラピーに集中できる環境に、長きにわたって安定的にいられるセラピスト」


いくら沢山の予約があっても、お店が増えても、セラピストがセラピーに集中できていない状況にあったなら、どうでしょうか？

また、一見華やかに見えても、忙しすぎたり、暇だったりの波が大きい状況にあったなら、どうでしょうか？

やはり、それでは成功しているセラピストとはいえません。

本書を手に取っていただいたセラピストのあなたは、どんなセラピストになりたいと思い、セラピスト・ライフを始めましたか？　これからセラピストになりたいあなたは、どんなセラピストになろうと思っていますか？

セラピーを必要としているクライアントがいるなら、一人でも多く助けてあげたい。できるなら、ずっとセラピーを提供し続け、生涯を通して人間的に豊かに暮らしたい。そんな思いを持っているのではないでしょうか。この思いは、セラピストとしての〝本性〟から生まれた、根源的な願いといえます。

しかし、実際にセラピストとして活動を始めると、特に独立開業してサロンを構えると、自分のセラピーに集中することや目の前のクライアントに集中することが、いかに難しいかを実感することになります。

セラピストは、社会的には「個人事業主」であり、事業を続けるには当然、セラピー以外の業務にも、時間と気持ちを割かなければならなくなるからです。

「セラピストの成功」とは、セラピーに集中できる安定した土台を作り上げていることだろう。

つまり、セラピストがセラピーに集中し、クライアントに気持ちを注ぐためには、それができる環境と状況を整えなければいけないことになります。

このことを踏まえて、セラピストの成功を再定義すれば、次のようになります。

「セラピーに集中できる環境に、長きにわたって安定的にいられる状況を、〝自ら創出し続けている〟セラピスト」

実際、そうした条件を達成し、長らくセラピストとして活動を続けている方は、たくさんいます。そのような〝成功しているセラピスト〟を、私は〝ロングライフ・セラピスト〟と呼ぶことにしました。

◉ロングライフ・セラピストとセラピスト・シェルパ

本書では、一人でも多くのロングライフ・セラピストに誕生していただくために、外部の専門支援を受けるというアイディアを提案しています。

詳しくは本編で解説しますが、20年前と比べれば、現在はセラピストという職種に対する社会的な認知が進み、セラピストの活動への理解も進んでいます。そして、セラピストを支援することを仕事とする専門家が生まれてきました。

また、セラピストが求められる場面も増えてきたことと比例して、困りごとやトラブルに直面することも増えてきました。それらを解決するためには、専門家の手を借りることが大切になることがあります。

つまり、成功セラピスト（セラピーに集中できる環境に、長きにわたって安定的にいられる状況を、〝自ら創出し続けている〟セラピスト）になるために、専門家の手を借りられる時代が訪れているのです。

セラピストの活動を支援できる専門家は、多種多様です。本書では、セラピストに専門支援を提供してくれる人々のことを、尊敬の念を込めて〝セラピスト・シェルパ〟と呼ぶことにします。

〝シェルパ〟という名前を聞き慣れない方も多いかと思いますが、もともとはエベレストの麓《ふもと》で生活する民族のことです。エベレストの地理や天候に詳しく、たくましい足腰を持ったシェルパ族は、登山家がエベレストに挑む際に手伝ったことから、登山家にとってなくてはならない存在になりました。

シェルパは、頼れるガイドであり、力強いサポーターであり、エベレストで暮らすための知恵を持った大先輩でもあります。登山家とシェルパは雇用者と労働者という関係性を越えて、互いに尊敬し合う、いわば同士です。

セラピストを、成功という山頂に向けて歩みを進める登山家に例えれば、その道のりを助けてくれる多くの専門家は、シェルパに例えられるというわけです。ですから、本書では、セラピストを助けてくれる専門家を〝セラピスト・シェルパ〟と呼ぶことにします。

様々な職種の〝セラピスト・シェルパ〟が、セラピスト活動を支えてくれる！

あなたが経営面で困難に直面していれば、経営コンサルタントがあなたのセラピスト・シェルパです。あなたが名刺やチラシのデザインで困っていれば、デザイナーがあなたのセラピスト・シェルパです。あなたが法律的な解決が必要なトラブルに巻き込まれたら、弁護士があなたのセラピスト・シェルパです。

個人事業主としてのセラピストは、孤独で不安な状況に陥りやすい職種です。でも、落ち着いて周りを見渡してみれば、助けてくれるセラピスト・シェルパはたくさんいることに気がつくはずです。

◉本書の流れ

本書のチャプター1では、社会の変化とともにセラピストを取り巻く社会も変わってきたことについてお話しします。これまでのセラピストの立ち位置を振り返り、今後来る10年をセラピストとして活躍するための指針を得ようという章です。

また、10年というスパンを意識することが、「一生、セラピストとして生きていく」ための鍵となることも、説明しようと思います。

チャプター２は本書のメインコンテンツとして、セラピストを助けるセラピスト・シェルパとなりうる専門家たちについて紹介します。どんな専門家がいて、どんなサービスを期待できるのかなどを知っていただく職業図鑑のような章です。

チャプター３では、実際に長年、セラピストとして活動を続けている〝ロングライフ・セラピスト〟の事例を紹介します。先輩セラピストがどんな状況でセラピスト・シェルパと出会い、どういうふうに支援を受けたのかを知ってもらう章です。

そしてチャプター４で、セラピストが上手にセラピスト・シェルパと付き合うための心得や、注意点についてお話しします。シェルパに助けを求めるとはいえ、山に登りたいという意思を示し、主体的に行動するのはセラピスト自身です。セラピストとセラピスト・シェルパの関係性が歪んでしまわないようにするためのヒントのつもりで書きました。

「一生、人を癒やして生きていきたい」という夢は、セラピストであれば誰もが抱く夢でしょう。しかし、現実的な問題にぶつかり、孤独と不安でもがく中で疲れ果て、夢を諦めてしまうセラピストも少なくありません。

本書は、読めば夢が叶うという安直なものではありませんが、セラピストの皆さんのセラピスト・ライフに立ち塞がる問題を乗り越えるための助けになる、新しい考え方を提案するものと信じています。

本書を、ロングライフ・セラピストへの道を助けるガイドブックにしていただければ幸いです。

CONTENTS

■はじめに　2
◉現代の「成功セラピスト」とは？　2
◉ロングライフ・セラピストとセラピスト・シェルパ　6
◉本書の流れ　9

Chapter 1
セラピスト業界のこれまでの流れとこれからの未来　15
■10年先も生き残る職業の予測に「セラピスト」も！　16
■セラピストなら誰でも生き残れるのか？　18
■やりたい仕事（セラピー）以外で忙殺されてないか？　20
■セラピストを取り巻く社会の変化　23
■10年続けることと、一生続けること　31
■時代が変わっても変わらないセラピストの性質　39
■セラピストがセラピー以外でしている「あるあるネタ」　50

Chapter 2

心づよい！　セラピスト・シェルパの種類　59

■セラピスト・シェルパ、30職種ピックアップ！　60

●コンサルタント系（現状を、社会的枠組みに最適化する）　64
経営コンサルタント、WEBコンサルタント、マーケティングコンサルタント、ブランドコンサルタント、店舗コンサルタント、起業コンサルタント、キャリアコンサルタント、イメージコンサルタント

●クリエイター系（無から有を作る、イメージを具現化する）　96
クリエイトデザイナー、WEBデザイナー／カスタマイザー、コピーライター／ライター、カメラマン、出版プロデューサー／編集者、ヘアメイクアーチスト、コンテンツプロデューサー

●士業系（ローヤー＆アカウンタントなど）　124
弁護士、弁理士、司法書士、税理士、行政書士、社会保険労務士、社会福祉士

●アドバイザー＆コーチング系（技術の向上や心身の調整、海外との折衝）　152
ブラッシュアップアドバイザー、メンテナンスコーチ、スーパーバイザー、インターナショナルアテンダント

●コミュニティ系（コミュニティ形成を通して支援を行う）　168
イベンター、コミュニティオーナー、社会起業家（地域活動家）、エンジェル投資家

Chapter 3 セラピスト・シェルパを活用したロングライフ・セラピスト 185
■実際のケース① 経営のプロに支援を求めた例 186
■実際のケース② WEB活用のプロに支援を求めた例 195
■実際のケース③ 販促ツールのプロに支援を求めた例 203
■実際のケース④ 法律の専門家に支援を求めた例 210

Chapter 4 セラピスト・シェルパを選ぶ際におさえておきたいこと 221
■失敗しないセラピスト・シェルパ選びとは? 222
■チェック① 煽ったりあせらせてくるシェルパではないか? 223
■チェック② インパクトの強い言葉で押すシェルパではないか? 226
■チェック③ 自分が主役になろうとするシェルパではないか? 229
■チェック④ 自己体験だけをベースにしたシェルパではないか? 232
■チェック⑤ セラピストの気持ちをよく知らないシェルパではないか? 233
■チェック⑥ 他のシェルパの存在をよく知らないシェルパではないか? 235

■おわりに 240

Chapter 1

セラピスト業界のこれまでの流れとこれからの未来

10年先も生き残る職業の予測に「セラピスト」も！

今後、10年以内に消える職業にはどんなものがあるでしょう？　そして、10年先も生き残る職業にはどんなものがあるでしょう？

２０１５年にＡＩ（人工知能）の研究者であるオックスフォード大学准教授のマイケル・Ａ・オズボーン氏が、同大学のカール・ベネディクト・フライ研究員とともに著した『雇用の未来〜コンピューター化によって仕事は失われるのか』で発表した論文は、世界に衝撃を与えました。なぜなら、ＡＩ分野の発展に伴い、今存在している職業のうちの一部は消えてしまうというセンセーショナルな内容だったからです。

皆さんもニュース等で見聞きしたのではないでしょうか？　消えていってしまう職業の

10年後、人工知能に置き換わる職種がある。しかし、セラピスト（に分類される職種）は生き残るという予測！

中に、自分自身の職業や、自分に関係ある職業が含まれていないかと、探してみた人もいることでしょう。

「10年以内に消える職業」についてはメディアでよく取り上げられましたが、一方で「10年先も生き残る職業」についてはあまり話題になりませんでした。実は、「生き残る職業」の中に対人援助職として、いわゆるセラピストといわれる職種が複数挙げられていたことはあまり知られていません。

私は偶然その記事を目にし、それをセラピストたちに伝えたところ、皆一様に喜んでいました。それはそうですよね。自分の携わる職種が10年先も生き残るだろうと専門家からお墨付きをもらったようなものですから。私自身もとてもうれしかったですし、正直ホッと胸を撫で下ろしました。

ただ、私にはもう一つ、心の中に浮かんできた複雑な思いがありました。

「これって、すべてのセラピストに当てはまるわけではないな」

セラピストなら誰でも生き残れるのか？

私が校長を務める「セラピストの学校」は、全国各地に出向き、その地域で活動しているセラピストたちと交流し、ともに学んでいます。その活動の中で出会ったセラピストの皆さんの誰もが、真剣にセラピストという仕事に向き合っています。

そして、セラピストとして活動するために必要な、セラピー以外のアクションにも、真剣に取り組んでいます。

私の個人的な思いとしては、出会ったセラピストたちには、これからもずっと活動を続けて欲しいと願っています。

しかし、その願いの裏側には、資格や技術を持っているセラピストであっても、10年後も活動できている人はどれほどいるだろうか？　もしかするとほんの一握りだけかもしれない……、そんな不安な気持ちがあります。

先の論文で、セラピストが10年先も生き残る職種とされていたとしても、個々人にフォーカスすれば、生き残る人もいれば、そうでない人もいるのが現実です。

「10年先も生き残るセラピストとなるためには、今、何をすべきなのだろうか？」

それが、私自身の中に生まれたテーマとなりました。

私は、様々な地域で、様々なジャンル、スタイルのセラピストたちと、数えきれないほど出会ってきました。その中には、今まで長きにわたって活躍してきたセラピスト（ロングライフ・セラピスト）もいます。出会った頃にはすでにロングライフ・セラピストとして歩んでいたセラピストもいれば、数年前に出会って今もなお活躍しているセラピストたちも、数多くいます。

彼ら彼女らを観察することで、いくつものヒントが見えてきました。そのヒントが示す答えは、複雑なものではなく、とてもシンプルなものでした。シンプルがゆえに、それはセラピストとして歩み続けるうえで大きな助けになるに違いない。そんな確信めいた思いになったのです。

やりたい仕事（セラピー）以外で忙殺されてないか？

セラピストが、この先10年活躍できるロングライフ・セラピストとなるために、何が必要なのか？　という問いへの答え。それは、「目の前のセラピーに集中できている」ということでした。

これが、今まで私が数千人を超えるセラピストたちと出会ってきた中で得た答えです。

とってもシンプルでしょう？

シンプルすぎるゆえに、こんなふうに思う人もいるでしょう。

「それができたら苦労しないよ」

「いや、できています。でも、それとこれは別だと思う」

何を隠そう、以前の私もこうした思いを持っていました。

しかし、私が出会ったロングライフ・セラピストたちに共通していることは、「目の前のセラピーに集中できている」こと。これに尽きるのです。

よく考えてみてください。「目の前のセラピーに集中できている」ということは、それができる環境にいることが前提になります。それ言い方を変えれば、セラピーだけに集中できる環境を、自ら積極的に整えることができたということでもあるのです。

逆の見方をすれば、今の日本のセラピストたちは、あまりにも目の前のセラピーやクライアントに集中できていない、ともいえます。

セラピーに集中できない環境に知らず知らずのうちに身を置いてしまっていませんか？やりたいこと以外のことに忙殺されていないでしょうか？

今の日本のセラピストには、セラピー以外

本業のセラピーに専念できる環境づくりが、
セラピストを長く続けるポイントだった！

にもしなければならないことがたくさんあります。

集客して予約数を増やす。売り上げを上げて収益性を高める。メニューを増やすために新たな技術を習得する。店舗やスタッフを増やす。

これらは、セラピストが仕事としてセラピーを続けるための活動であり、最終的にはクライアントのためかもしれません。

しかし、今まさに、目の前にいるクライアントに全身全霊で向かえているでしょうか？それこそが大切なことなのです。

目の前のセラピーに集中できているセラピストは、セラピーを提供する目の前のクライアントの微妙な変化を察知し、常に「クライアントのためにできる最善は何か？」を把握でき、最高のセラピーを提供できるのです。だからこそ、何年経っても変わらない評価を受け、ロングライフ・セラピストになれるのです。

ロングライフ・セラピストは、自ら積極的にセラピーに集中できる環境に身を置くように心がけています。それは、セラピストという核の部分をよりはっきりさせるために、いろいろなものをそぎ落としているともいえます。できることと、できないことを明確にして、できない部分はその道のプロに適切に委託する。そうしてセラピーに集中できる環境を自ら創り出していくのです。

セラピストを取り巻く社会の変化

セラピストを取り巻く環境は、時代の変遷とともに変化してきました。その中でセラピストたちは、自分が立っている時代によって、そのスタンスやアクションを変えてきました。

今のセラピストが、「次の10年を見越してどんなアクションを起こすべきか？」を知るには、これまでのセラピストを取り巻く環境の変化と、セラピスト業界の変遷を把握しておくことが何より大切になります。

すでにセラピストとして活動している方であれば、自分自身がどの時期から活動を始めたのか、振り返ってみてください。これからセラピストを目指す方であれば、どんな流れがあって現在のセラピスト業界になったのか、理解できます。業界の流れを知れば、これからの自らの指針となるはずです。まさに歴史を通して自らを知るのです。

ここでは、日本のセラピスト業界の変遷について、三つのステージに分けて説明したいと思います。

◉1980年代～1990年代前半の「セラピー業界揺籃期」～セラピーにつながることであればなんでも自分でする～

この時代はセラピーというジャンルそのものが、社会の中で認知されていませんでした。海外に存在する様々なセラピーを、先駆的セラピストたちが自ら現地に足を運んで習得し、それを各々日本に持ち込んで広げていく時代です。

また、メディアなども新たな文化を取り込む中で、海外コンテンツを和訳したり、先駆的セラピストを取り上げて伝えたりし始めた時代です。

ただ、海外のセラピーを日本に持ち込むにあたって、日本と海外の医療制度や文化的背景の違いを調整し、適応させる必要もありました。

この時代のセラピストのほとんどが、「一から十まで、自分でできることはとにかくやってみる」というスタンスでした。セラピストとして活動するために、いったいどんな行動が有効なのか、どんなステップを踏めばいいのか、全体的に不透明なこともありました。ですから、そこに費用を掛けるくらいなら……という思いもありました。

専門支援、本書でいう「セラピスト・シェルパ」という観点は、さして重要なこととして認識されていませんでした。そもそもセラピスト業界の揺籃期には、専門支援のスキーム（枠組み）自体が、ほとんどと言っていいほど、存在しませんでした。

セラピスト業界揺籃期から活動しているセラピストと話すと、決まって言われるのはこんなことです。

「谷口さん、ずるいわ。私がセラピストを始めた頃、そんなことを教えてくれる人、誰もいなかったもの」

セラピスト業界揺籃期から今現在でも活躍し続けているセラピストたちいわく、「当時はセラピストを支援する専門家なんて一人もいなかった。だから、自分でできることはなんでもやってきた」。それが１９８０年代～１９９０年代前半のセラピストたちのスタンダードです。

◉1990年代半ば〜2000年代半ばの「セラピー業界成長期」〜「癒しブーム」＋「手に職ブーム」でセラピスト人口が増加〜

この時代は、日本において〝大きな三つの安心・安全〟が崩れた時代といえます。バブル崩壊、関西エリアでの大きな地震、関東を中心とした国内でのテロなどです。当たり前だと思っていた日本の安心・安全が、根底から覆されたのです。

この時代において、日本人の心に不安が増幅したことから、空前の〝癒しブーム〟が訪れます。

その一方で、高度経済成長期の終焉とともに独立開業という働き方が注目され、〝技術習得ブーム〟など「手に職」という意識の高まりがありました。

これらの状況が重なり、セラピスト養成講座が盛んに行われ、また大手資本によって駅前や商業施設内で店舗展開されていきました。この時代に、数多くのセラピストが誕生しました。

ちなみに、私自身がサロン経営を手がけたのは、1990年代後半のことです。

ホームページを持っているサロンは数少なかったですし、セルフプロデュースができているセラピストはほぼ皆無でした。

周囲に経営について相談できそうな人がいても、「そもそもセラピストって何？」という説明から始めなければなりませんでした。

セラピストを専門で支援してくれる存在自体もなかったですし、誰の手も借りずに自分でいろいろやってみたほうが得るものが大きかったともいえます。

それ以降のセラピスト業界成長期には、セラピスト・シェルパ（専門支援を標榜する人や団体）も増えてきました。

当時、存在したセラピスト・シェルパは、独立開業や起業、集客活動、店舗展開など、マーケティングに関するコンサルティングがほとんどでした。

それは、セラピスト業界が成長していく中で、新規参入や規模の増大を目的とするセラピストが多く、競争意識もあったということでもあります。

また、フリーペーパーなどの集客手法が一般的になり、その活用方法に関する専門支援で、当時のセラピストたちのニーズ（起業や集客）に応えることが可能でした。

◉2000年代後半〜2010年代前半の「セラピー業界成熟期」〜現在の新たな揺籃期の始まり〜

このステージになると、大手養成スクールで学んだセラピストや大手サロンで活動するセラピストとは一線を画す、様々な個性的なセラピーのジャンルやスタイルが生まれてきます。

例えば、自宅でのサロンや出張スタイルなど、様々な特徴的なスタイルに挑戦するセラピストが現れ始めたのです。セラピーの種類、セラピストの人数が増えたこともあって、セラピストたちは、各々のジャンルやスタイルを模索し、トライ＆エラーを繰り返すことになりました。

また、2000年代後半の世界的金融危機や、2011年に発生した東北を中心とした震災などによって、セラピストが社会から求められる役割や、活動環境も劇的に変わってきました。セラピストは、セラピーの提供方法を変えていく必要が出てきたのです。

このステージでは、セラピストの社会的認知も進み、セラピストを支援するセラピスト・

シェルパも数多く現れてきました。

つまり、「こんなことで困っているセラピストには、私の支援が役立つはず」「こんなことに挑戦するなら、お手伝いできます」と、セラピスト・シェルパたちが手を挙げ始めた時期なのです。

セラピスト業界の成熟期までに、セラピストを支援しうるスキルを持った〝潜在的なセラピスト・シェルパ〟たちも、セラピストの抱える問題とその解決支援法を、事例として積み重ねてきたのです。


現在は、セラピスト業界の成熟期ですが、同時に次のサイクルに向けた新たな揺籃期の始まりでもあります。

つまり、セラピストが社会的に認知され、セラピストの活動を支援するセラピスト・シェルパたちも準備を整えつつあります。

何でも自分でやらなければならなかった時代と違い、セラピストが目の前のセラピーに集中できる環境を作るための選択肢が増えてきたともいえます。

選択肢次第では、セラピーとクライアント以外の余計なことを考えたり、苦手なことに

■日本のセラピスト業界図

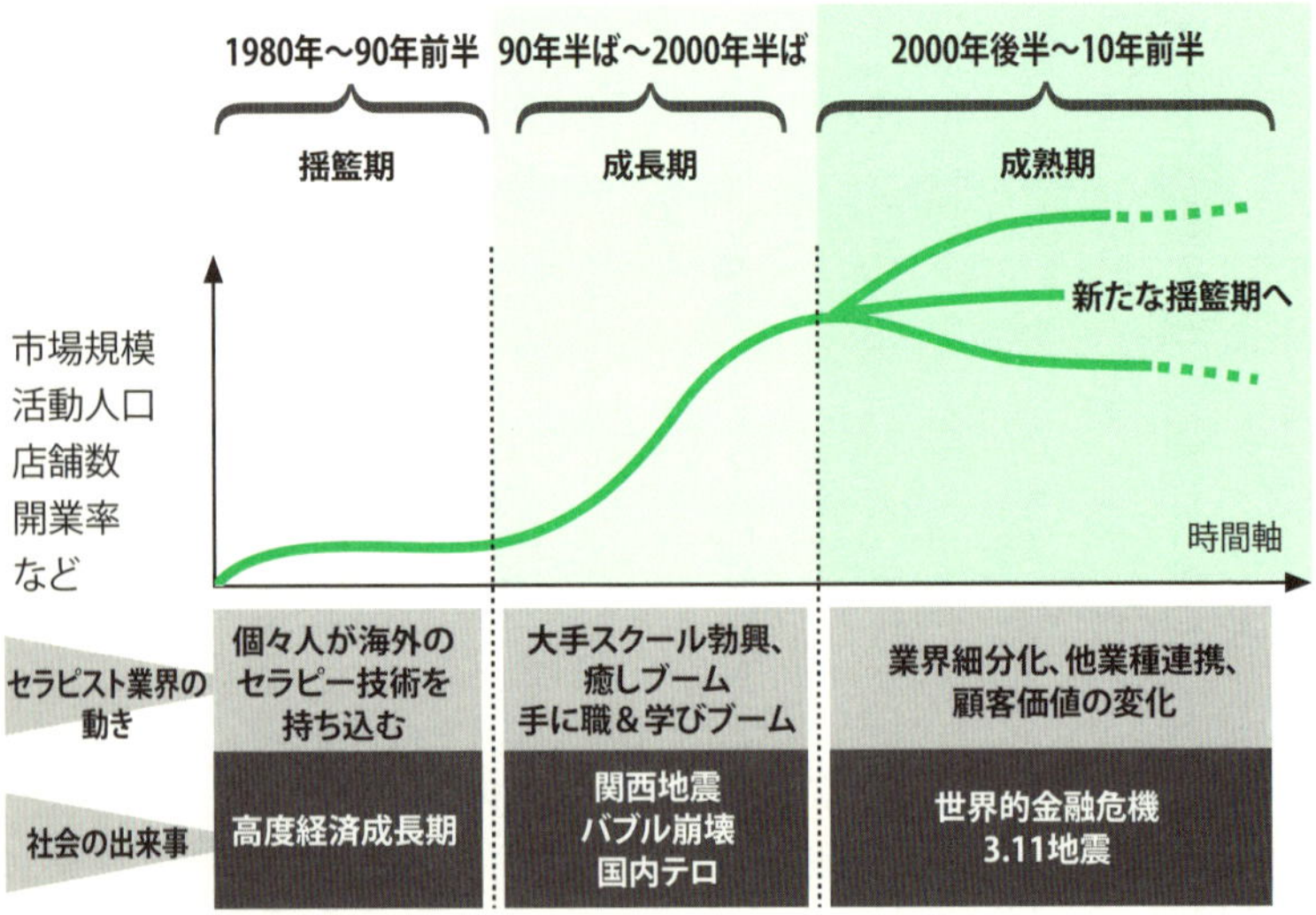

労力と時間を費やさなくてもよくなります。セラピストは、自分にできる最善のセラピーを追求することに集中できるようになるのです。

もちろん、セラピスト・シェルパに丸投げとなってはいけません。「今の自分に何が必要なのか？」という自己認識をもって、本当に必要な専門支援を適切に有効に活用することが重要です。

ぜひ、本書を通して、自分なりのセラピスト・シェルパとの上手な付き合い方を探してみてください。それこそが、今後10年をセラピストとして活躍するヒントとなるはずです。

10年続けることと、一生続けること

10年セラピストとして続けられるのなら、「その後も一生続けられるのでは？」と思う読者も少なくないでしょう。そう思うのも無理はないのですが、それは誤解です。

本書の読者には、「10年経ったら安定軌道に乗って、あとは惰性で苦労しなくても一生続けられる」という安直な考えを持って欲しくありません。

ここでは、その誤解を解くために、「本書ではなぜ10年というスパンを強調してお話ししているか？」そして、「一生続けるにはどうすればよいか？」について、お話しします。

●セラピストには定年がない

セラピストという職業は、個人開業なら定年がありません。極端な言い方ですが、「死ぬまで現役」も可能です。セラピストとしての活動のスタートは30代前半が多いといわれていますので、「一生続けた」と言えるのは、それから30～40年ほど続けた方です。

前述したように、日本におけるセラピスト業界は、１９８０年代をスタートとしているので、いまだ40年も経っていません。つまり、「一生セラピストとして生きた」という人の事例はまだ一握りしかありません。

またそのような方々は、現在とはまったく違った環境である「セラピー業界揺籃期」から活動を始めているので、これからセラピストを始める、あるいは始めたばかりのセラピストには参考になりづらい事例かもしれません。

いかに偉大な先人、先輩がいたとしても、時代や環境が違えば、その方とまったく同じようにしたところで、成功セラピストになれるとは限らないのです。

読者の皆様に、セラピスト業界の流れについてお話ししたのは、そのことを分かっていただくためでもあります。

◉10年が将来展望のカギ

さて、これからセラピスト・ライフを始める方、始めたばかりの方にとっては、10年という期間がすでにはるか遠くの目標であり、一生続けるとなると気が遠くなるような長い期間です。

ですが、最初の10年で上手に波に乗れれば、次の波も乗りこなせる可能性が高くなります。セラピストを一生続けるということも、同じようにイメージしてみてください。

山登りに例えれば、一つの山を10年掛けて制覇したとします。その登山家が他の山を登ろうとするとき、どの山も決して楽に登れるものではありませんが、すでに一つの山を制覇したという経験が必ず活きてきます。

このようにイメージしてもらえば、最初の山の制覇のしかたも重要であることが分かります。とにかく根性と勢いだけで最初の山を登り切ったとしても、同じ方法で次の山にアタックすることがいかに危険かは誰が考えても分かります。

セラピストの10年も同じことで、ただガムシャラに走り切ったとしても、次の10年も同じようにガムシャラに走りきれる自信はありますか？　中には「こんな苦しい思いをするなら……」とセラピストとして生きることを諦めてしまう人も出てくるでしょう。

最初の10年間、これが将来展望の鍵なのです。

●波の法則

さて、先ほど、一生セラピストを続けることは、10年というスパンを一区切りにして、その繰り返しだと説明しました。

なぜそのようなことがいえるのでしょうか。それは、どんな仕事にも共通する「波の法則」があるからです。この法則をセラピストに当てはめたのが次図です。約10年を1周期として、1周期は三つの期間に分けられます。各期間を「ランエリア」「ブレイクエリア」「フライエリア」と呼びます。誤差はありますが、各期間は約3年で、移行期は約1年です。

■個人のセラピストライフ波図

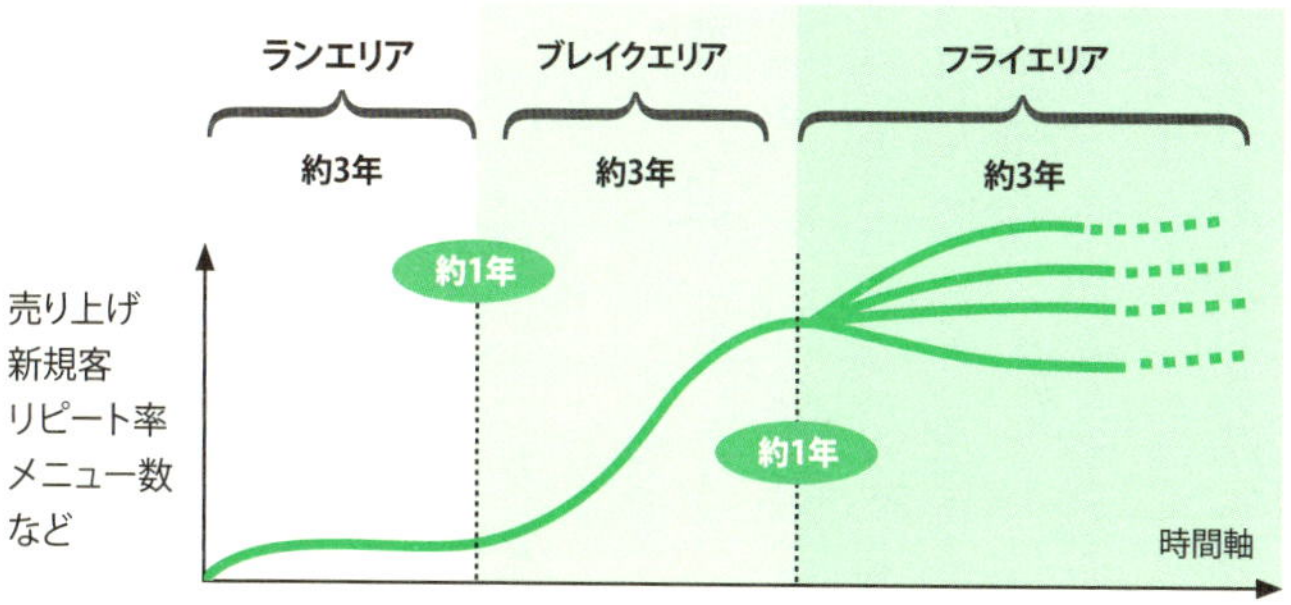

■日本のセラピスト業界図

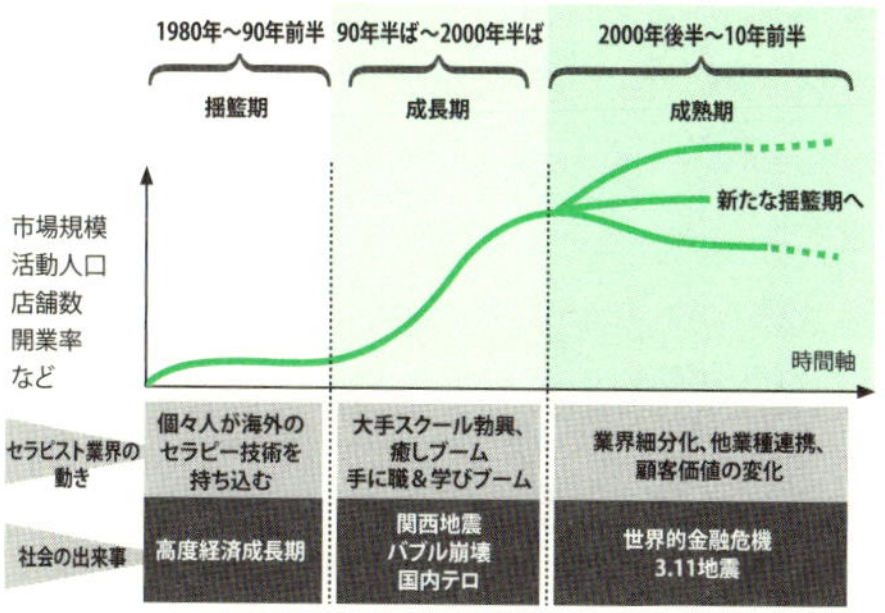

各エリアの解説をしましょう。

・ランエリア

社会にあなたのことを知ってもらうために、ひたすら走り続ける期間です。

セラピストを始めたばかりの人であれば、ほとんどの場合、無名の状態から始めることになります。セラピストとして活動を始めても、社会に知ってもらえるにはタイムラグがあります。このタイムラグに苦しみ、実はほとんどのセラピストがここで足を止めてしまいます。

この走り続ける期間にも、セラピスト・シェルパが補助者や伴走者としての役割を果たし、次の段階まで支えてくれることがあります。

このエリアでは、走り続けるうちに次の段階へと続くターニングポイントが現れます。セラピスト・シェルパが、そのターニングポイントを指し示してくれる可能性もあります。

・ブレイクエリア

ランエリアで社会に知ってもらうために必死で走っていると、なぜかいろいろな方面から仕事が入り始めます。リピート客がついたり、口コミが広がって新規のクライアントから予約をもらったりなど、クライアントに恵まれるエリアです。

ランエリアでの大変さが身に染みていますから、とにかく来る仕事は怖がらずに受け止め、クライアントに対応していきます。すると、周囲からは人気セラピストと見られるようになります。

しかし、思いも寄らないことが起きやすいのも、このエリアです。身体を壊す。プライベートで問題が起きる。クライアントやスタッフ、生徒とのトラブルなど、誰にも言えない悩みを抱えやすい時期です。

この時期にも、セラピスト・シェルパの助けが大いに役立つでしょう。セラピストが今どうするべきかを、専門的な見地から客観的かつ適切にアドバイスをしてくれます。

・フライエリア

本来の自分の立ち位置が明確になって、落ち着いてくるエリアです。社会的にも名前が知られ、身の回りのトラブルも整理された状況なので、仕事としては安定します。

しかし、年月を重ねる中で、自分自身の状態もクライアントも周囲の環境も変化しています。ですから、来る次の10年に向けての準備をすべきエリアでもあります。

次世代の育成や店舗展開など新しいチャレンジをするときも、適切にセラピスト・シェルパの力を借りれば、大きな力になるでしょう。

事業の拡大をせずに継続してセラピスト活動を続けていくとしても、時代の変化を捉えてマイナーチェンジすることは必要なので、やはりセラピスト・シェルパからのアドバイスが力になります。

安定的なフライエリアにあっても、惰性で次の10年に突入するのは危険です。安定した時期にこそ、積極的な行動で次のランエリアに向けての準備を整えましょう。

◉ミクロとマクロの波

以上のように、「ランエリア」「ブレイクエリア」「フライエリア」の変化を含む約10年のスパンを一つの周期として、また新しい周期を迎えるというのが、「波の法則」です。この波の法則を掴むことが、セラピストのみならず、どんな事業の継続にも重要だといわれています。

さて、前節で説明した業界の周期と、本節で説明した個人の周期は、当然のことながら同時に起きています。業界の30～40年の周期と、個人の約10年の周期が輻輳《ふくそう》しているのです。

こうした法則を知っておくだけでも、「セラピストを一生続ける」という気の遠くなるようなことを、リアリティを持って想像できるのではないでしょうか？　また、本書で10年というスパンを強調している理由も分かっていただけたはずです。

本書の読者には、セラピスト・シェルパの力を借りつつ、確実な10年を歩んでいってほしいと思います。それが、一生セラピストとして生きていくための助けになると信じています。

時代が変わっても変わらないセラピストの性質

すでに説明したように、時代の変化とともにセラピスト業界も変遷があり、その中でセラピスト自身もスタイルの変化が必要でした。

その一方で、時代は違えども、変わらないものもあります。それは、セラピストたちの性質や性格などに表れる特性です。

私は、かれこれ20年近く、数多くのセラピストたちと関わってきました。その中で、いつの時代でもどの地域でも、ジャンルやスタイルがバラバラでも、対人援助に関する仕事をしている人に当てはまると感じた特性があります。

その特性が、強みとなるか弱みとなるかは、時代や環境によって変わります。ただ、一見すると弱みのようであっても、見方を変えれば大きな強みとなる可能性も秘めています。

もちろん全ての項目が全てのセラピストに当てはまるわけではなく、細かなケースに当てはめれば違いはありますが、一度自分のことを振り返って考えるための自己診断のようなものだと思って読んでみてください。

●セラピストの性質① スキルアップのための時間や費用を惜しまない

セラピー・スキルを常に学んでいたい。セラピー・スキルを身に付け、活動する自分を想像するのが好き。一つの技術の習得を終える頃には、新たな技術を探し始めている。

こうしたセラピーに対する強い思い入れや飽くなき探究心こそが、人間の心と身体という果てしない課題に取り組む原動力となります。セラピストの探究心が技術を高め、クライアントは信頼を寄せます。

ただし、常に新しい技術習得に走っていても、それでセラピーの質を高められるとは限らず、時間を浪費するだけになるかもしれません。

また、とことん探求しているつもりが、深入りしすぎて迷走している可能性もあります。技術習得に熱中しすぎる性格は、客観的な視点を失いやすい性格ともいえますので、気をつけましょう。

セラピー技術の探求に積極的！

でも、迷走してしまわないように…

◉セラピストの性質②
仲間のよいところを取り入れる

　他のセラピストがしていることを耳にすると、気になってしかたがない。新たな技術を取り入れた話を聞くと、そのままにしておけない。「○○がいいよ！」と言われるとすぐに取り入れる。このような性質は向上心の現れであり、エネルギーにもなります。

　また、仲間と交流し、相互に情報交換するための動機にもな

仲間のセラピストのやり方を取り入れる！

でも自分をしっかり持たないと、不安に…

り、新しい可能性や展開に気づくためのきっかけになります。

ただし、盲目的に反応してしまうのは考えものです。影響の受けやすさは、不安の表れでもあります。不安に駆られて、なんでもかんでも取り入れようとして右往左往するようではマイナスになりますので、注意が必要です。

◉セラピストの性質③ 価格に見合ったサービスを意識する

「料金をこんなにいただいてよいのか？」と気が引ける。サロンメニューの価格改定（値

価格に見合ったサービスを提供したい！
でもこの価格でいいのだろうか…

上げ）時にはものすごく悩む。こうした悩みは、いただいた料金に対して、釣り合ったサービスを提供したいという気持ちの表れでもあります。そのような気持ちがあると、クライアントとギブ&テイクの関係を築きやすく、長い付き合いにつながります。

しかし、料金を受け取ることへ抵抗感を持ってしまっているケースも見られます。提供するセラピーへの対価なのですが、つい気が引けてしまう。これは、単に自信のなさからくる感情ともいえるでしょう。そして、社会的な価値観に自分が提供するサービスの価値が合っているかが分からないということでもあります。

●セラピストの性質④　クライアントの感情に心から共感できる

根拠のない自信だけで活動するのも困りものですが、常に「このままじゃダメだ」「自分だけ上手くいってないんじゃないか」という不安感や孤独感を抱いているセラピストは少なくありません。不安感や孤独感は、精神的なストレスですから、なくしたいと思うセラピストも多いでしょう。

しかし、その感情をありのままに受け止めることによって、クライアントの悩みに対して真に共感できるのです。クライアントに丁寧に寄り添うことができるセラピストは、不安や孤独を知っている人です。

とはいえ、不安感や孤独感から、どうすればよいか分からなくなって、前に進めなくなってしまったり、空回りしたりすることは避けたいものです。

●セラピストの性質⑤ 困っている人に手を差し伸べたくなる

目の前で困っている人がいれば、気になってしょうがない。自分のセラピーで解決できるなら、動かずにはいられません。

クライアントの不安に
共感できる！

でも、自らも不安になって
落ち込まないように…

これはセラピストの本性であり、原動力です。この性格・性質があるからこそ、セラピストが社会から必要とされ、セラピストも生きがいを感じるのです。

しかし、ときにこの本性が自分自身をがんじがらめにしてしまうことにもなります。困っている人の人生を背負って、セラピスト自身が前に進めなくなってしまう。何とか解決してあげたいという思いで視野が狭くなってしまい、自分以外の誰かがもっとよい解決方法を持っているという可能性が見えなくなることがあります。

困っている人を放っておけない!
でも自分だけでなんとかしようとしてしまう…

◉セラピストの性質⑥ 自分のことは自分でするという独立心がある

自分のことは自分でするという独立心は、盲目的な依存心とは対局にあるものです。それは、自分でできることとできないことを分けて考えられるようになるきっかけともなります。「人に頼れるものは頼る」という決意で一歩を踏み出せたセラピストは、大きな飛躍の可能性があると思います。

しかし、セラピストは総じて甘え下手。自分の抱える問題について人に頼るのが苦手です。人のためには一生懸命になれるのに、自分のこととなるとまるで勝手が変わってしま

自分のことは自分で！　でも、
上手に頼むことも必要では…

うのです。人によっては、「医者の不養生」ではないですが、対人援助職に就く自分が人に頼ることへの負い目を感じてしまうのかもしれません。

以上、読者の皆さんには思い当たる項目がありましたか？　このように、セラピストの特性は、強みと弱みの両面を持っています。

もちろん、どの項目が強みとして発揮されていて、どの項目が弱みとして表れているのかは、人それぞれです。それは一人一人の個性ともいえます。弱みになっているから悪いとか、直さなければならないということではありません。

重要なのは、自分がどのような特性を有していて、どんな傾向にあるかを認識することです。そして、自分の特性を強みとしてどう活かすのか？　反対に、弱みとなっている部分をどう強みに変換するか？　を考えることです。

多くのセラピストは、個人事業主としてセラピー以外の事業活動にも取り組まねばならない宿命にあります。経理から営業、広告・宣伝、人事、法務まで、得意不得意関係なく取り組まなければなりません。会社などの組織であれば、それぞれの専門部署が分担して行うことを一人で行うのです。

セラピー以外の事業活動においても、セラピストとしての特性が強みとして発揮されていればよいのですが、中には弱みとして表れてしまって、上手くいかなくなっていることもあるでしょう。

例えば、研究熱心さが広告・宣伝でも発揮されて、プロ顔負けのホームページを自分で作るセラピストもいるでしょう。しかし、毎晩遅くまでSNSの更新にはまり込んで寝不足になったり、今日アップする記事の内容探しに気を取られたりして、目の前のクライアントに集中できなくなってしまえば、本末転倒です。

これはバランスの問題といってもよいでしょう。セラピーとそれ以外の業務とのバランス。得意なものと不得意なものへ掛けるエネルギーのバランス。これがとても難しいのです。このバランスが保てないことが、セラピスト・ライフを長く歩む際の妨げになり得るのです。

セラピストがセラピー以外でしている「あるあるネタ」

ここでは、前節で触れたセラピストの特性や、その強みや弱みについて、具体的な例を紹介します。

以降に紹介する例は、セラピー以外のことにエネルギーを傾けすぎているセラピストが言いそうなことです。特定の人の言動ではなく、私が数多くのセラピストと交流してきた中で得た「あるあるネタ」のようなものです。

自分に当てはまると感じた項目は、少し耳が痛いかもしれません。ぜひ、客観的に読み進めながら、自分自身の普段の行動や考え方を振り返るきっかけにしてください。

◉あるあるネタ① ブログなどのWEB発信に熱中

サロンの営業時間が終わり、片付けを終えてホッと一息。でも、寝る前にどうしてもしなくちゃいけないこと。それがブログの更新なんです。

この前、大手ブログサービスを活用した集客セミナーに行ってきたのですが、「プロだったら毎日更新は当たり前」「地域やサービス名を入れたキーワードを必ず入れる」「冒頭文は『○○の○○です』と肩書きを入れよう」「積極的に同業のブログに訪れれば見返ししてくれて、それがページランクを上げてくれる」って言われて……。実際にそれで成功してブログからの新規客で賄えているセラピストの話を聞いたりすると、やらなくっちゃって思うんです。

でも、ここだけの話、文章を書くの、苦手なんです。やっぱり文がうまくないといけないんですかね？　仲間のブログとか読んじゃうと、もうなんだか手が止まっちゃうんです。気づいたら夜中の2時とかになっていて、結局知り合いとのランチネタをアップして更新

WEB発信をやってたら、もう真夜中…

ボタンを押しています。

●あるあるネタ②　セラピスト仲間とのコラボで流されて……

この前、知り合いのセラピストの紹介でイベント出展することになりました。多くの人に名前を知ってもらえるという点ではよいし、やってみようかなって。

結構、準備が大変なんですね。イベントですから、料金をいくらにしたらいいかも新たに考えなくちゃいけないし。

紹介してくれた知り合いのセラピストは主催メンバーも兼ねていて、「一緒にお茶しながら打ち合わせ出てみる？」って言うので興味半分でミーティングに参加したら、もうすでにスタッフ扱いなんです。気づいたらチケット販売のノルマも出て。

イベント出展は私みたいなキャリアだとすごく大切だと思うんですが、私はあくまでもイチ出展者として参加したかったのに……。今週もミーティングが2回あるので、その時間帯はサロンの予約枠を予約済にしておかないと。

◉あるあるネタ③
仲間との人脈構築に必死になる

セラピストって孤独ですよね。資格を取ったのはいいけど、とにかく孤独。で、この前、同じ資格を取ったセラピストから、「すごい人がいる」ってランチ会に誘われたんです。

なにやってる人かはよく分からないけど、一人でがんばっているセラピストたちの相談に乗ったり、仲間をつなげてたりするらしくて。とにかく人脈がすごい人みたいなので、どこかの会社社長を紹介してくれたりして、仕事にもなるかなって。

ランチ会に行ってみたら、みんなすごく華やかに着飾ってたんで、ちょっと躊躇しちゃ

食事会にはなるべく参加して、
仕事につなげたいけど…

いました。来月も集まりがあるんで、今度は服なんかも考えないと。講演ではないですし、おいしい食事が出るので、1粒で二度おいしいみたいな？　まぁちょっと高いですけどね。

◉あるあるネタ④　新たな技術習得に走る

僕は、身体のケアについてはゴールがないと思っているんです。つまり日々勉強です。やればやるほど深みを知り、クライアントに活かせますから。

先月、技術研修会があったので行ってきました。いやぁ、すごいですよ、とにかく。講師の先生が自信に満ち溢れているといいますか。まったく僕が思ってもみないような技術をいとも簡単にしてしまう。こりゃ参ったって感じです。

そうそう、その先生には何人ものお弟子さんがいて、10年20年のキャリアはざらですよ。今までの技術との違いで多少混乱していますが、まずはこの新たな技術をしっかり身に付けたいですね。

◉あるあるネタ⑤　販促ツールをとにかく自分で作る

ネットや本を探せば、今はなんでも自分でできる時代だと思ってます。先日もブログのカスタマイズを一人でできましたから！　もちろんチラシや名刺なんかもフリーソフトで手早く作って自分で印刷してます。

自分でやると愛着が湧くといいますか、修正も簡単ですし。問題はやる時間がなかなか取れないことですね。いったんやり始めると集中しちゃうので、徹夜なんてのもよくありますよ。

友だちに見せて『すごい！　これ全部自分で作ったの？』なんて言われると、ちょっと嬉しいですね。今までは大手ブログサービスだけだったんですけど、今度は思い切って、ホームページを作ってみようと思ってます。フリーのＷＥＢサービスがあるので。いろいろ学ぶためのセミナーとかありますけど、そこまではねぇ。

◉あるあるネタ⑥
新企画や新メニューを勢いでやる

やっぱりキャンペーンは定期的にしなくちゃいけないと思ってます。たまに営業で電話を掛けてくる方と話していると、「お客様も飽きちゃうので新キャンペーンはずっとし続ける必要がある」って。

そこで、この前取得したばかりの資格があるんですが、まだ自信ないですから、まずはこれを半額キャンペーンで出してみようかなって。

そうそう、この前ブログか何かでキャンペーンをしているフレーズを見て、「これすごい！」って。反応も予約殺到って書いてあっ

いつも何かのキャンペーンをやらないと！
すぐ告知して、何とか間に合わせよう…

たので、少しだけアレンジしてやってみようかなと思います。スタートですか？　早速来週からやりたいですね。

●あるあるネタ⑦　セルフプロデュースをやりすぎる

最近は、ＳＮＳとかいろんな発信のしかたがありますが、結構自撮りとかも取り入れてます。実際「いいね！」の数も跳ね上がりますし、コメントもいただけるので、結果的に集客につながればと。もちろん、いつもじゃないですよ。

それから、この前、プロカメラマンが主催するランチ会＆撮影会があって、行ってきたんです。ランチしてるときの楽しいシーンを撮ってくれて、その場で見せてくれたり、その方がＳＮＳで発信してくれました。

そうそう、そこで知り合った方がセルフプロデュースのコンサルされていて、写真の写り方とか、身に付ける服の色とか、記事のアップタイミングとか、色々教えてもらおうと思ってます。自分のことをしっかり表現できれば自信が湧くので。

誤解しないでいただきたいのは、前記の項目を手離せば、必ずロングライフ・セラピストになれるということではありません。セラピー以外のことに熱中していても、今の自分には必要なことかもしれません。

しかし、そこにエネルギーを傾けすぎて、セラピストが本来すべき、「目の前のクライアントに集中する」こととのバランスが崩れてしまうことに問題があるのです。

その根底にあるのは、自分一人で何でもしようという思いであり、誰に聞いていいかさえ分からない孤独感であり、取り残されてしまうのではないかという漠然とした不安ではないでしょうか？

何度も繰り返しますが、セラピストがすべき仕事は、自分のセラピー・スキルを駆使して、目の前のクライアントを癒し、ケアすることです。

「自分一人でなんとかできないか？　やればできる！」と、勢いだけでやっていませんか？　「セラピストならこれぐらいやらなくては」と、やりすぎていることはありませんか？　その思いが、かえってロングライフ・セラピストへの道を遠ざける可能性があることを忘れてはいけないのです。

Chapter 2

心づよい！セラピスト・シェルパの種類

セラピスト・シェルパ、30職種ピックアップ！

セラピストを取り巻く社会の中には、どんなシェルパがいるでしょうか。セラピストにとって、どんな人たちがシェルパになる可能性があり、どんなかたちで協力を得られるのでしょうか。

この章では、セラピスト・シェルパとして、セラピストの活動を支援してくれる人々を30職種、紹介します。30職種と聞いて、意外にたくさんいることに驚く読者もいるでしょうし、もっといるはずだと思う読者もいるかもしれません。本書で紹介するシェルパたちはあくまでも例なので、ここに登場しないシェルパもいることでしょう。

本章を読んで、セラピストが多くのシェルパに囲まれていることを知り、さらには紹介する以外にもシェルパがいるかもしれないと考えるきっかけになればと思います。

なお、この章で使用する各シェルパの名称には、一般的な呼び方ではないものもあります。明確な定義や一般的な認知がない職種は、本章を執筆するにあたって、私が名付けたものであることをお断りしておきます。

また、各シェルパの職域は完全に分かれているものではありません。シェルパによっては、複数の職域にまたがって活動できる人もいます。例えば、「経営コンサルタント」が、マーケティングやブランディングなども行うことがあるかもしれませんが、経営分野を特に得意としているという意味で「経営コンサルタント」という呼び方をしています。

その他のシェルパも、これと同じように見ていただければと思います。

なお、本章の内容は、私が独自に取材を行ってまとめたものです。世の中に存在するセラピスト・シェルパすべてに当てはまる内容ではありません。あなたに最も相応しいセラピスト・シェルパに出会うための参考情報としてください。

・コンサルタント系（現状を、社会的枠組みに最適化する）

経営コンサルタント、ＷＥＢコンサルタント、マーケティングコンサルタント、ブランドコンサルタント、店舗コンサルタント、起業コンサルタント、キャリアコンサルタント、イメージコンサルタント

・クリエイター系（無から有を作る、イメージを具現化する）

クリエイトデザイナー、ＷＥＢデザイナー／カスタマイザー、

コピーライター／ライター、カメラマン、出版プロデューサー／編集者、ヘアメイクアーチスト、コンテンツプロデューサー

・士業系（ローヤー＆アカウンタントなど）

弁護士、弁理士、司法書士、税理士、行政書士、社会保険労務士、社会福祉士

・アドバイザー＆コーチング系（技術の向上や心身の調整、海外との折衝）

ブラッシュアップアドバイザー、メンテナンスコーチ、スーパーバイザー、インターナショナルアテンダント

・コミュニティ系（コミュニティ形成を通して支援を行う）

イベンター、コミュニティオーナー、社会起業家（地域活動家）、エンジェル投資家

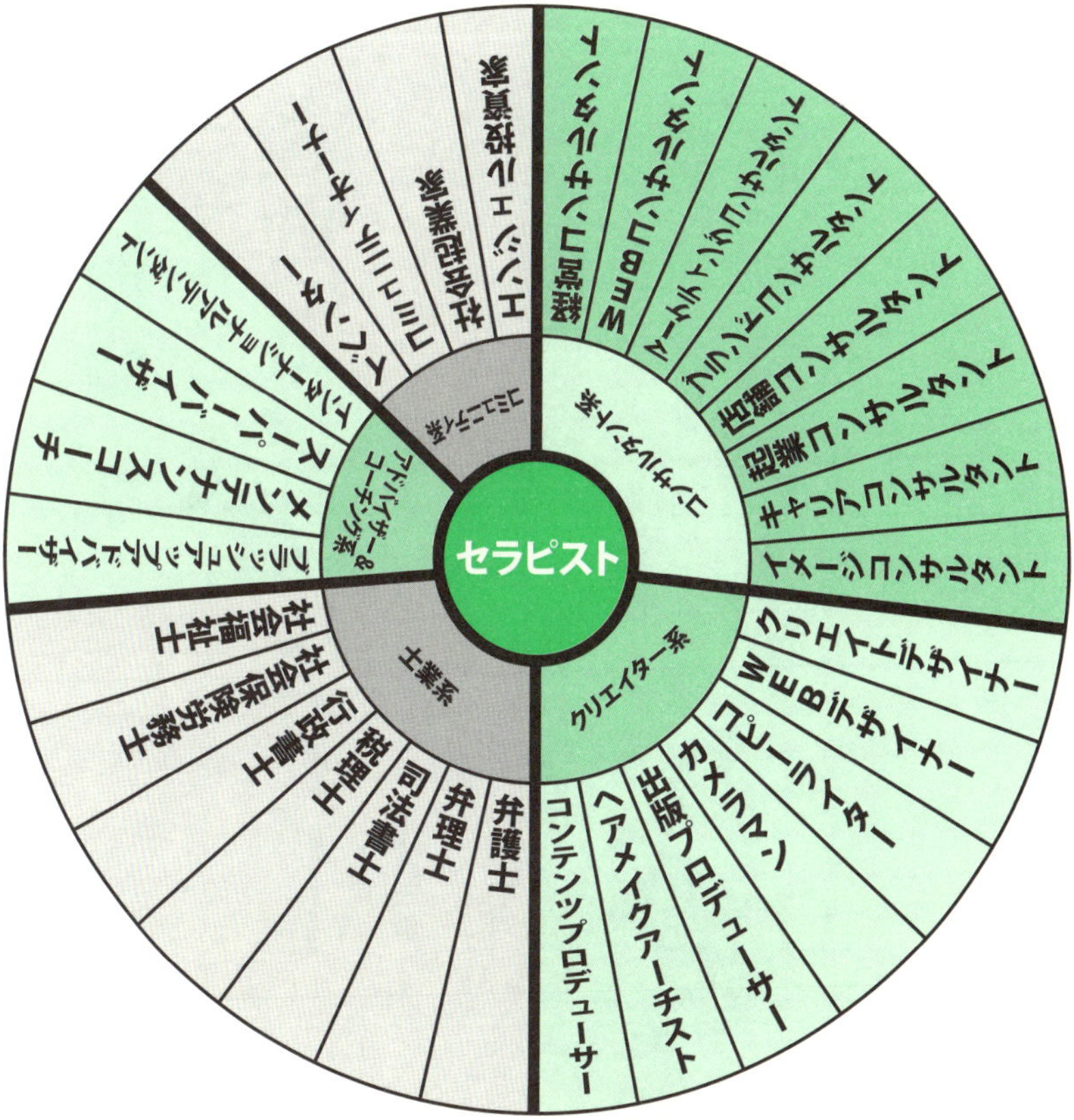

セラピストを取り囲むセラピスト・シェルパ、本書では30職種をピックアップした。周りを見渡せば、たくさんの支援の手があることに気づけるだろう。

コンサルタント系
経営コンサルタント

サロン経営の診断や改善のためのアドバイスなどを行います。スクール運営やスタッフ採用育成など、事業展開における中長期の戦略的なアドバイスがもらえることもあります。

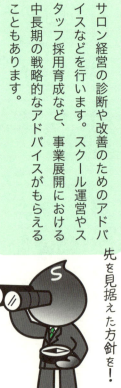

◉ここがプロフェッショナル

社会の今後の動向、業界の方向性などを把握したうえで、相談者本人の資質などを勘案して適切にアドバイスしてくれます。決して急がせたりあおったりせず、覚悟を決めてこの道を極められるようなスタンスを持っています。

◉このシェルパの探し方

このシェルパは、ホームページ、ブログ、SNSなど、インターネットで情報発信していることが多いです。

また、メディアで紹介されていたり、書籍を出している方もいます。口コミを活用してもよいでしょう。

◉選ぶときのポイント

経営についてのアドバイスを基本とするが、関連する分野は多岐にわたります。人材育成の分野や、経費など数字に関する分野なども、状況によっては経営コンサルタントの仕事が及ぶこともあります。

選ぶポイントとしては、すぐに結果の出る短期的な発想しかできない経営コンサルタントよりも、中長期にわたる展望を見据えた事業構築の支援も考えてくれる経営コンサルタントを選びましょう。

相談の際には、一般的な見解だけでなく、セラピスト業界にまつわるテーマにも話を広げてみて、どんな対応をするのかを探ってみてもよいでしょう。セラピスト業界についてすでに深い見識を持っているか、あるいは強い関心を持っているセラピスト・シェルパがよりよいでしょう。

◉相談するときのポイント

「どうしたらいいでしょうか？」はNG。自らの経営理念をしっかりと伝え、進みたい未来のことや、直面している問題などを、感情的にならずに相談し、冷静にアドバイスを聞きましょう。

◉契約のしかた、料金体系など

経営コンサルタントの場合、契約期間が長期にわたるケースが多いため、数か月単位や1年単位での契約が一般的でしょう。

セラピスト・シェルパ②

コンサルタント系
WEBコンサルタント

インターネットにまつわる取り組み全般に関するアドバイスを受けられます。ホームページやブログの制作だけでなく、SNSやメールマガジン、予約システムの活用法など、ネットツールの複合的な使い方についてもアドバイスしてくれます。

ネットツールで世界が広がる！

◉ここがプロフェッショナル

インターネットという、目に見えないものによって一つの世界を表現する能力があります。つまり、セラピスト一人一人が持つ考えを、ネットの世界で再現してくれます。

セラピストの活動を助けるネットツールを勧めてくれるだけでなく、日進月歩のネットの世界に敏感なので、新しいネットツールの提案も受けられます。

また、ＩＴシステムやマーケティングに関する知識を分かりやすく提供してくれることもあります。

◉このシェルパの探し方

このシェルパは、ホームページ、ブログ、ＳＮＳなどを利用して情報を発信しているケースが多く、単発のセミナーを行っている人もいます。

ＷＥＢを上手に使っている知り合いのセラピストがいたら、シェルパを活用しているか聞いてみるとよいでしょう。

◉選ぶときのポイント

例えば、ブログなどで発信している文章が自分にとって素直に入ってくることをポイントに選ぶとよいでしょう。なぜなら、文章構成等は指導を受けるＷＥＢコンサルタントの影響を受けやすいからです。

また、ＷＥＢの世界に関して満遍なく知識を持っていることはもちろんですが、ＳＮＳやメルマガなど、一つのネットツールに対して深い知識を持っている方なら、綿密な戦略を立てられます。

◉相談するときのポイント

セラピストとしてWEBを通して、どんな人たちに、どのぐらいのコストで、何を伝えたいのかなど、対象と目的、規模、掛けられる経費などを明確に伝えるとよいでしょう。

◉契約のしかた、料金体系など

単発の相談料だけでなく、月単位や会員制のケースがあります。インフラ（サーバなど）の保守管理料金が掛かるケースもあります。

セラピスト・シェルパ③

コンサルタント系
マーケティングコンサルタント

セラピスト活動エリアでのマーケット（市場）調査を行い、調査結果に応じて収益率の高い集客につなげるためのアドバイス等をもらえます。

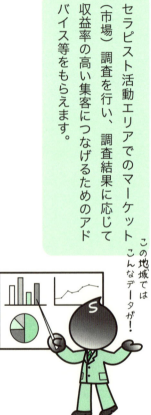

◉ここがプロフェッショナル

重視すべきデータを元に成功率を上げることに長けています。また、公にされていない細かなデータを持っていたりします。

見込み客の確保、予約とリピート率の引き上げ、口コミの活用方法など、効率的な営業活動のしかたや、各々独自のノウハウを提供してくれるシェルパです。

◉このシェルパの探し方

このシェルパ自身がマーケッターゆえに、ブログやセミナー、書籍、メルマガなどで情報を発信していることが多く、比較的接点は持ちやすいといえます。

ただし競合も多く、響きのよいノウハウや聞こえのよい言葉で契約につなげようとする可能性もあるので、接触する際には第三者の視点を持ちましょう。

◉選ぶときのポイント

やはり、セラピストとの関係性をしっかり構築できているかがポイントです。そして、個々のセラピストの状況に合わせたサポートができているかなども確認しましょう。

ノウハウやメソッドに関する実績や、大手コンサルティング会社に勤めていたことなどをアピールしていることが多いが、継続的な関係を築くためには、結局は人柄や相性などが判断材料になるでしょう。

◉相談するときのポイント

ただ「集客をしたい」と相談するのではなく、まず自らの置かれた現状やどのような活動をイメージしているかを伝えましょう。

そして、リピート率を上げたい、平均客単価を上げたい、新規集客率を上げたいなどといった、セラピスト・シェルパに求めるものを、具体的な数字を元に相談することが大事です。

◉契約のしかた、料金体系など

実績に応じた売り上げパーセンテージ、私塾や複数回のセミナーの参加費、会員制など。

相場というのがあるようでないのが現状です。ノウハウ提供という目に見えにくいサービスゆえに、何を求め、どこまで支払えるか、などを把握して契約を結ぶとよいでしょう。

セラピスト・シェルパ④

コンサルタント系
ブランドコンサルタント

ブランディング（＝ブランド構築）のためのアドバイスを受けられます。セラピー技術や店舗、セラピスト本人などに関してアドバイスをし、サロンやセラピスト自身のブランド力を高め、周知する方法を教えてくれます。

◉ここがプロフェッショナル

セラピスト本人の先にいる人々、つまりお客様への影響についての洞察力を有しています。

メディアやネット、出版などを活用して社会的な影響評価を得るために、裏方として企画から仕掛け、反響を通して相談者の収益につながるように工夫しています。例えば、セラピスト本人のメディア露出や、出版等につながるようにしたり、プロフィール製作を提案することもあります。

また、店舗ブランドについては、立地内装も含めた提案力を持っています。

◉このシェルパの探し方

ランチ会やパーティー、セミナー、撮影会などのイベントを企画・主催していることもあるので、そこに参加してみる方法があります。

◉選ぶときのポイント

このセラピスト・シェルパが主催するイベントなどに参加して、参加者たちを観察するとよいでしょう。このセラピスト・シェルパが「ブランド」というものをどう考えているか、構築された「ブランド」に触れた人々がどのような行動をすると考えているかなど、腑に落ちる説明をしているかに注目しましょう。

また、人物ブランディングについて画一的なアドバイスをしていないか、「シェルパ自身にとっての最善」を押し付けていないかどうかも、ポイントになるでしょう。

◉相談するときのポイント

セラピスト自身がお客様からどう評価されたいか、どのような存在でありたいかなど、周囲への影響について希望を伝えるとよいでしょう。

◉契約のしかた、料金体系など

会員制や私塾への参加費、単発のコンサルティング料など。

セラピスト・シェルパ⑤

コンサルタント系

店舗コンサルタント

サロン開店に至るまでに必要な種々の調査・処理をサロンオーナーに代わって行ってくれます。

例えば、立地選定、市場調査、不動産業者や大家さんとの交渉を行い、オーナーとともに決めた店舗コンセプトに従って内外装業者に委託することも、このセラピスト・シェルパの業務に含まれます。

◉ここがプロフェッショナル

サロン開店までに必要な実務能力を有しています。

また、セラピストが持っている漠然としたサロンイメージをかたちにできます。照明や動線なども踏まえて提案してくれます。

最近では、備品の準備や、スタッフの採用活動等もセットで対応してくれることがあります。

◉このシェルパの探し方

サロンの店舗を専門としている方は少なく、カフェや美容院などの開店を手伝っているセラピスト・シェルパが多く、リフォームやリノベーションなどを主な事業としていることもありますので、そうしたキーワードからインターネットで探すことになるでしょう。

趣味の合うカフェや美容院を見つけたら、開店時にどの店舗コンサルタントに依頼したのかを聞いてみてもよいでしょう。このようなことは、仲のよいセラピスト仲間なら聞きやすいものですが、他業種の方のほうが警戒せずに教えてくれるでしょう。

◉選ぶときのポイント

実績や経験値の豊富さは当然ながらポイントになります。セラピスト業界の現状をよく知っていて、サロン出店の経験があるほうがよいでしょう。

そうでなくても、話をしてみてセラピストの活動を理解し、豊富な経験値によって応用を利かせてくれるセラピスト・シェルパなら頼りになるはずです。

◉相談するときのポイント

自分がイメージするサロンの画像を見せたり、サロンに来店するクライアントのイメージなどを伝えましょう。費用は掛けようと思えば天井知らずなので、予算をはじめに伝えるとよいです。

◉契約のしかた、料金体系など

内装工事なども請け負う場合から相談業務までなど、規模や依頼内容によってまちまちです。事前見積もりなどを積極的に取るとよいでしょう。

セラピスト・シェルパ⑥

コンサルタント系

起業コンサルタント

主に独立開業する際のアドバイスをしてくれます。融資などを見据えて、事業計画書の策定を指導したり、金融機関とのやりとりを支えたりしてくれます。

あなたのスタートアップを力強くサポート！
開業届

◉ここがプロフェッショナル

依頼者であるセラピストが、起業や独立などのスタートアップに関して今何をすべきか、という個別の優先順位をしっかり見極められるシェルパです。

また、厳しい現実の中にあっても、スタートアップに関する様々な問題を解消しつつ、経営を軌道に乗せるためのアドバイスももらえます。不安な気持ちを和らげてくれることもあります。

◉このシェルパの探し方

ブログ、メルマガなどによって、「起業」「独立開業」「スタートアップ」などのキーワードで情報発信しています。

起業塾のように、スタートアップのためのパッケージを学べる講座に参加する方法もあります。

個別コンサルティングを依頼したい場合は、事業計画書の作成指導を行っているシェルパなどを探しましょう。

◉選ぶときのポイント

発信している情報などから判断しましょう。例えば、起業のポイントやトラブルへの対応など、具体的でイメージしやすい言葉で発信しているかどうかがポイントです。

例えば事業計画書の作成に関しても、セラピストと作り上げていく過程は一様ではなく、シェルパそれぞれの特徴があります。

また起業に関し、自分自身の体験を語ったり、ときに不安をあおるケースもありますので、そこは注意すべきです。

◉相談するときのポイント

自分自身で考えた事業計画や、掛けられる費用について、厳密でなくても説明できる準備をしましょう。

なお、スタートアップは初速が大切ですので、一度セラピストとシェルパの関係が構築されたなら、シェルパから出された課題に対しては、その時点で理解できなかったとしても、真剣かつ迅速丁寧に取り組むようにしましょう。

◉契約のしかた、料金体系など

講座や勉強会の場合は、参加費。事業計画の作成指導など、個別でコンサルティングを受ける場合は、指導回数ごと。

その他、起業塾など複数人を長期にわたって同時にサポートする場合は、受講費など。

セラピスト・シェルパ⑦

コンサルタント系
キャリアコンサルタント

働き方に対する専門家で、サロンオーナーがスタッフの採用や育成等で悩む際に、アドバイスをもらえます。カウンセリング（面接）などを通して、オーナーには直接話せないような不満をスタッフから聞き出すこともあります。

◉ここがプロフェッショナル

人材育成計画の策定や研修などにも長けています。オーナーの考える理想のサロンを実現するための計画を立て、スタッフの技術や意識を向上させます。

また、スタッフへのカウンセリングなどを通して本音を拾い、オーナーに具体的な業務改善案を示します。

さらに、意識向上のための面談や研修などを行ってくれることもあります。

◉このシェルパの探し方

キャリアコンサルタントが所属している団体等に問い合わせるとよいでしょう。

独立系の場合は、ホームページやブログなどから問い合わせます。

◉選ぶときのポイント

セラピストとしての歩みだけでなく、人生全体のライフストーリーとしてキャリア形成する、という視点を持って関われるシェルパがよいでしょう。

また一口にキャリアコンサルタントといっても、仕事が多岐にわたります。そのため、サービス業店舗スタッフ育成など、専門性の高いシェルパを選びましょう。

◉相談するときのポイント

サロンスタッフに接することがあるため、スタッフを助けるセラピスト・シェルパでもありますが、あくまでもセラピストオーナーのセラピスト・シェルパであることを忘れずに、スタッフの採用・育成計画など話し合うとよいでしょう。

スタッフの不満を解消するだけではなく、スタッフとともに理想のサロン作りをするために依頼していることを念頭において相談してください。

◉契約のしかた、料金体系など

単発のコンサルティングもあるが、期間を決めて定期的に相談できる場合もあります。個別に料金が発生するケース、あるいは年間契約などもあります。

団体に所属している場合は、その団体の決められた料金が事前に提示されています。

セラピスト・シェルパ⑧

コンサルタント系
イメージコンサルタント

セラピスト本人のイメージ戦略を立案し、メイクからユニフォーム、たたずまいなど、統一感を演出するアドバイスをしてくれます。

◉ここがプロフェッショナル

セラピストの骨格や肌、髪の毛、目の色などを把握したうえで、セラピーを受けるクライアントにどのような印象を与えるかを客観的にコンサルティングします。

最近では、インターネットなどで発信するプライベート情報も、このイメージ戦略の一つとして提案してくれることがあります。

◉このシェルパの探し方

ブログ、ＳＮＳなど、ネット上で見つけることができます。また協会や団体などもあるので、そこに問い合わせるとよいでしょう。

また、個人事業主が集まりやすい異業種交流会などで接点を持つことができます。

◉選ぶときのポイント

セラピスト個々人の特徴を適切に見極められているかがポイントとなります。そういった意味で、通り一遍の成功モデルばかりを勧めるシェルパは避けたほうがよいでしょう。

ときにはセラピスト自身が気づいていなかった魅力を引き出してくれる可能性もありますので、接触する以前の段階で、自分の好き嫌いで選定範囲を絞りすぎないほうがよいかもしれません。

◉相談するときのポイント

セラピストとして「こういったシーンで、こうなることを狙いたい」など、「着地点」を最初に伝えるとよいでしょう。

また、セラピスト・シェルパの客観的な視点を活かすために、自分の好みをことさら強調しないようにしましょう。例えば、今までに着たことのない服の色やデザインを勧められることもあるかもしれませんが、積極的にチャレンジしてみることが大切です。

◉契約のしかた、料金体系など

コンサルティングだけの場合もありますが、その後のメイクアップ料や洋服選定料などが加わることがあります。

独立しているセラピスト・シェルパの場合、ホームページなどで料金が提示されていることが多いです。所属団体によっては最低金額の設定があります。

セラピスト・シェルパ⑨

クリエイター系

クリエイトデザイナー

セラピストとして活動するうえで必要な名刺やフライヤー（チラシ）、リーフレットなどのデザインを行ってくれます。デザインにインパクトとメッセージ性を込めて提案してくれます。

◉ここがプロフェッショナル

デザインに意味を込め、提案する力があります。セラピストの活動コンセプトからイメージされるものをデザインによって可視化し、見た人に与える印象も計算しています。

また、一つのイメージから、複数のデザイン案を創出することができ、セラピストに選択肢を提示することもできます。

ロゴやデザインコンセプトを共通させることで、販促アイテムに統一感を持たせることもできます。

以前は印刷物を納品することが普通でしたが、最近はデジタルデータを提供してくれることも増えています。

◉このシェルパの探し方

様々な制作物を見ていて気になるデザインがあれば、そのデザイナーを紹介してもらうとよいでしょう。デザイナーによっては、クライアントの了解を得てこれまでの作品をネット上に公開している場合もありますので、それを参考にしてもよいでしょう。

◉選ぶときのポイント

セラピストが自分の好みを優先させすぎると、集客、ブランド構築などの本来の目的から外れてしまう場合があります。

セラピストのコンセプトや、活動するうえでのこだわり、目標などを丁寧に聞き取って、作品に反映しようとするデザイナーを選ぶとよいでしょう。

◉相談するときのポイント

このシェルパは、セラピストのコンセプトをもとに新しいものを生み出します。相談する際にはコンセプトが明確であることが望ましいのですが、文章化できるほど明確でなくても、自分のこだわりを率直に伝えてみましょう。デザイン化の過程でコンセプトの輪郭がはっきりしてくることもあります。

◉契約のしかた、料金体系など

デザイン料として、一作品○円という価格設定をしているケースが多いでしょう。これは、インタビューやリサーチする時間も含めた金額設定となります。

多くの場合、一旦完成したデザインを修正する際にも、費用が発生します。

クリエイター系
WEBデザイナー／カスタマイザー

ホームページやブログなどのデザイン、制作などをしてくれます。ＷＥＢコンサルタントと違う点は、見やすさやインパクトなどのデザイン的な要素と、ユーザビリティなどの機能面の、両立に特化していることです。

◉ここがプロフェッショナル

パッと見たときの印象だけでなく、文字や画像の配置など、細かなところまで意識が行き届いています。またＷＥＢサイト訪問者の動線まで考えて、デザインを提案しています。

また、セラピストがすでにＷＥＢサイトやブログを利用している場合、それをカスタマイズして、デザインと機能面を高めてくれることもあります。

◉このシェルパの探し方

ブログ、ホームページなど、セラピスト・シェルパがこれまで行った仕事を、自分のＷＥＢサイトに掲載していることがあります。

また、セラピスト仲間などの知り合いに使いやすいＷＥＢサイトを持っている人がいれば、デザイナーを紹介してもらうとよいでしょう。

フッター（サイトの一番下のエリア）に、デザイナーの名前や制作会社名が記載されていることもあるので、そこから検索してもよいでしょう。

◉選ぶときのポイント

大手ブログサービスなのか、ＣＭＳ（コンテンツマネージメントシステム）なのかによってシステムが違い、使える機能やデザインの可変性などに細かな違いがあります。そのシステムを使いこなせているかは、実績の積み重ねに掛かっていて、クオリティが左右されます。

今使っているＷＥＢサイトやブログのサービス提供元を把握して、そのシステムでのカスタマイズができるセラピスト・シェルパに依頼するのがよいでしょう。

◉相談するときのポイント

よいと思うデザインのページがあれば、それを伝えましょう。キャッチフレーズ等については自分でしっかりと考えるか、コピーライターの力を借りることも検討しましょう。

◉契約のしかた、料金体系など

1ページいくらというケースと、全体テンプレートのカスタマイズというケースでは料金設定が変わります。

また、メンテナンス費用等を含む月々契約の場合もあります。

クリエイター系
コピーライター／ライター

心に響く文章を！

原稿の作成やリライトを行います。出版・広告業界をはじめ、ホームページやブログ、メルマガ、リーフレットなど、日本語を高度に駆使する領域であれば、どこでも活躍しています。セラピストにとっても依頼できる領域は広いでしょう。

◉ここがプロフェッショナル

一般に、ライターは雑誌の記事や書籍などの長文を扱う人々で、コピーライターとはライターの中でもキャッチコピーのように短い文章に強いメッセージ性を込めることに特化した人々です。

ほとんどの日本人が日本語で文章を書けますが、読みやすさや語彙の豊富さという面では、誰でも同じようにはいかないものです。プロフィールのように本人が一番よく知っている情報であっても、プロに任せたほうが読み手にとって親切な文章になることもあります。

また、セラピストが書いた文章をリライトする際には、意味合いを変えることなく、読みやすく、かつ反響を生むようにアレンジしてくれます。セラピスト本人の性格や文章のクセまで取り込んで、読み手にライターの存在を感じさせないことも得意です。

◉このシェルパの探し方

すでにシェルパを活用しているセラピストからの紹介が多いかもしれません。

また、フェイスブックなどのSNSで、肩書きをライターやコピーライターと名乗っていることがあるので、そこから接点を持ってもよいでしょう。

◉選ぶときのポイント

ライターごとに得意分野がありますので、どんなフィールドで活動しているのか、最初に確認しましょう。

そのシェルパが発信している記事を読む機会があれば、読みやすさがポイントになります。

もし主催しているセミナー等があれば、足を運んで人柄にも触れるとよいでしょう。

◉相談するときのポイント

ゼロから記事を作成してもらうのか、あるいはリライトを依頼するのかによって、関わり方が変わります。いずれも「どんな読み手を想定しているのか」が重要な情報になりますので、あらかじめ考えておきましょう。

◉契約のしかた、料金体系など

単発であれば、文字数換算で料金が設定されていることがあります。

また、ホームページやブログの記事の執筆・リライトのように定期的に仕事を依頼するのであれば、月払いをするケースもあります。

クリエイター系
カメラマン

スチール写真（静止画）や動画などを撮影、編集する能力を提供してくれます。プロフィール写真だけでなく、サロン動画や講義風景などの映像や、オフィシャル、プライベートのスチール写真を撮るなど、視覚的な効果を使ってブランド構築を助けてくれます。

◉ここがプロフェッショナル

スチール写真の場合、セラピスト本人が意識していない表情など、一瞬を切り取ることが得意です。また、そのための雰囲気作りのうまさもポイントです。

動画の場合、編集まで意識したカット割の技術や、ＢＧＭとのマッチングなどにプロの腕が光ります。

◉このシェルパの探し方

すでにカメラマンを活用しているセラピストからの紹介が多いかもしれません。

また、フェイスブックなどのＳＮＳで、肩書きをカメラマンと名乗っていることがあるので、ここから接点を持ってもよいでしょう。

◉選ぶときのポイント

同じカメラマンでも、スチール写真か動画かで、選定はまったく変わります。

また、撮影対象（人物、アイテム、建物）によっても得意分野がありますが、事前の準備次第でどの対象でも撮影できる方は多いでしょう。カメラマンの得意分野で選んでもよいですが、会話をしたときに受けた雰囲気によって選んでもよいかもしれません。特に人物撮影では、被写体であるセラピストが緊張してしまうようでは、よい表情が撮れない可能性があります。会話をしていて自然に笑顔になれるカメラマンなら、セラピストも自然体で撮影に臨めると思います。

◉相談するときのポイント

ホームページやリーフレットなど、何に写真や動画を活用するかを、はじめに明確に伝えるとよいでしょう。

また、撮影対象が人物（セラピスト自身）か、備品か、サロンかなどで、用意する機材に違いが出るので、これも事前に伝えます。

◉契約のしかた、料金体系など

スチール撮影でも動画撮影でも、点数よりも撮影に掛かった時間（1日拘束など）で料金設定されていることが多いです。動画の場合は、編集があるかないか、編集方法などでも費用は変わります。

セラピスト・シェルパ⑬

クリエイター系
出版プロデューサー／編集者

書籍や雑誌への企画立案、原稿執筆のアドバイス、場合によってはリライトやデザインの指示も行ってくれます。フリーランスの編集者をセラピスト・シェルパとした場合、出版社とセラピストとの間に立ち、双方にとってクオリティの高い情報を提供してくれます。

◉ここがプロフェッショナル

そのセラピストの魅力と社会が反応するテーマを重ねあわせ、時代の半歩先を提案できます。

一から作品を生み出すことはもちろん、今ある素材（文章や写真など）を組み合わせたり、足りないものを埋め合わせて一つの世界観を作り出します。

本を出版する方法としては、初めから出版社に企画書や原稿を持ち込むことも考えられますが、実は「企画書を読んでもらうこと」にすでにハードルがあります。このハードルをクリアする技術やコネクションを持っているのが、出版プロデューサーというセラピスト・シェルパです。

◉このシェルパの探し方

すでに出版をしたことがある同業のセラピスト仲間などからの紹介が

接点になります。

また、セミナーや自主勉強会などを通して出会うことがあります。

◉選ぶときのポイント

セラピストの魅力を冷静に見出せること、発想力が豊かなこと、幅広いネットワークを有していることが、このセラピスト・シェルパのポイントです。

なお、「私の手に掛かれば本は必ず出せます」など、出版することだけを強調するケースは要注意です。場合によっては、高額な出版費用を提案されることもありますので、何のために出版するのか、どれくらいの経費を掛けるべきなのかなどを、セラピスト自身が見失わないことが大切です。

◉相談するときのポイント

「とにかく本を出したい」と言うだけではなかなか前に進まないので、まず出版企画書を作っておくとよいでしょう。作った出版企画書の通りに進むことは稀ですが、これを叩き台にして、改善案や方針案が得られます。

ときには、相談するうちに全く新しい企画が生まれる場合もあります。

◉契約のしかた、料金体系など

出版の場合、プロデュース料、印税をベースにしてのパーセンテージ支払い、編集費用などがあります。

セラピスト・シェルパ⑭

クリエイター系
ヘアメイクアーチスト

ヘアメイクのアドバイスとケアによって、セラピストとしてのイメージを作ってくれます。

特に、人前に立つケースが増えたセラピストなどが、力を借りることになるでしょう。

◉ここがプロフェッショナル

セラピスト本人の素材（肌質、髪質、骨格など）を理解したうえで、どこを強調すべきかを見出して、セラピストの魅力を引き出してくれます。

見る人が受ける印象も把握しているセラピスト・シェルパが、本当のプロといえるでしょう。

◉このシェルパの探し方

フリーランスの場合と、事務所に所属している場合があります。フリーランスの場合はネットや紹介などから、事務所の場合は窓口に問い合わせましょう。

◉選ぶときのポイント

セラピストと、モデルやタレントとでは、求められるメイクが違うので注意が必要です。

モデルやタレントではブランディング戦略がはっきりしており、場面によって印象的にしたり、控えめにしたりという工夫がされることになります。

セラピストの場合は、セラピストがイメージするセラピスト像と、セラピーごとの特性、セラピーを受ける側の印象を把握しながら対応できるかどうかがポイントになるでしょう。

◉相談するときのポイント

お任せにするのではなく、セラピストとしての自分をいかに適切に伝えられるかが重要です。

ブランディング戦略に乏しいと、望んだメイクをしてもらえないことがあるので、セラピスト自身がどんな場面でどんなふうに見られたいのかを考えておきましょう。

◉契約のしかた、料金体系など

事務所からの紹介だとマージンを取られるため割高になるが、安定した働きが期待できます。フリーの場合は価格もバラバラなため、都度確認した方がよいでしょう。

セラピスト・シェルパ⑮

クリエイター系
コンテンツプロデューサー

ユーチューブなどの配信サイト上にコンテンツ（動画やデザイン、記事など）を発信しながら広告収入や有料収入を得るビジネスには、動画配信サイトごとに登録方法や管理運営方法に違いがあります。

そのシステムを把握して、コンテンツを生み出してくれます。

◉ここがプロフェッショナル

セラピストがオリジナル・メソッドなどをネット上で発信して収益を得る場合などに、セラピスト・シェルパとしてサポートしてくれるでしょう。

新しいものがどんどん取り込まれてくる世界なので、最新の動画配信システムなどの情報収集力と知識が深いことがポイントです。

◉このシェルパの探し方

現在、法人化しているセラピスト・シェルパは少なく、ほとんどがフリーランスの立場をとっているので、ブログやＳＮＳ等を接点にすることになるでしょう。

◉選ぶときのポイント

いくらシステムに詳しくても、コミュニケーション力がなければセラピスト・シェルパにはなりにくいものです。

依頼する場合には、これからの活動を伝えて、しっかり取り組んでくれそうかどうか、セラピストの要望を汲み取って提案をしてくれるのかなど、反応を見ながら判断しましょう。

◉相談するときのポイント

直接会って相談するケースよりも、メールやスカイプ等でやりとりするケースが多いので、事前にある程度の専門用語を把握しておくとよいでしょう。

◉契約のしかた、料金体系など

主にシステム構築に関わるコンサルティング費用、その他動画に付随する広告のパーセンテージなど。

ユーチューブなどの配信サイトは、業界としてまだ揺籃期であるため、実績がある人に依頼が集中し、単価も高くなってきています。

士業系
弁護士

依頼を受けて法律的なアドバイスや処理を行う専門家です。金銭問題やストーカー対策、クライアントとのトラブル、スタッフとの問題など、法律の力を借りる場合に必要な存在です。

トラブル…
金銭問題…
法律的なアドバイスを

◉ここがプロフェッショナル

問題を法的に解釈し、法律に則った方法で解決に導きます。問題に直面したことで、セラピスト自身が心身ともに疲弊していることが多くあります。弁護士は、そうした場面で心強い味方になってくれるでしょう。

◉このシェルパの探し方

インターネットで検索して探すケースもありますが、最近は交流会等で接点を持つケースや、紹介なども増えてきています。法テラスなど、公的な機関を利用する方法もあります。

◉選ぶときのポイント

弁護士なら誰でもセラピスト・シェルパになってもらえるわけではありません。弁護士はそれぞれに専門性が大きく分かれているので、自分の相談内容と合っているかを事前にホームページなどで把握するとよいでしょう。

また、地域性も大切なので留意すべきです。

何よりも、丁寧に耳を傾けてくれるかどうかが重要です。

セラピストが弁護士に依頼するケースは限られているので、それに近いケースで実績がある弁護士に依頼するのがよいでしょう。

◉相談するときのポイント

トラブルの最中であっても、できるだけ冷静に事実関係を伝えましょう。

特に、トラブルに至る経緯を書面で整理したものや、メールやＳＮＳでのやりとり、留守番電話の録音、電話着信履歴などのトラブルの相手とやりとりした記録があれば、時系列で説明しやすくなり、その後も進めやすくなります。

◉契約のしかた、料金体系など

相談料等は事前に確認できます。個人で活動している場合と大手弁護士事務所の場合では値段にも差があります。

一般的には、電話でもメールでも、相談するのであれば費用が発生すると思っておいたほうがよいでしょう。

トラブル中は慌てがちですが「これくらいなら」と気軽に相談をするのではなく、事前に確認して契約を交わしたうえで相談することです。

士業系
弁理士

優れた発明に与えられる特許や、ブランドマークを扱う商標などを専門的に扱う、知的財産の専門家です。最近は法人だけでなく、個人も知的財産管理の必要性が出ています。

◉ここがプロフェッショナル

セラピストが自ら編み出したオリジナルスキルの名称などを、商標登録する際にサポートしてくれるセラピスト・シェルパです。

商標登録等は、申請をするだけでも特許庁への費用が発生します。あくまでも相談レベルではありますが、申請する前にその文言などが本当に受理されるかなどを事前調査してくれます。

◉このシェルパの探し方

インターネットなどで探すことができます。

主には、特許事務所や特許法人というかたちで業務を行っています。最近は、個人事業主向けの事務所もありますので、問い合わせてみるとよいでしょう。

◉選ぶときのポイント

独立開業したセラピストは個人事業主ですので、弁理士の対応も、企業の商標登録の進め方とは違う可能性があります。よって、個人事業主向けに業務を行っている弁理士がセラピスト・シェルパとなりえます。ですから、セラピストなどのサービス業を含めた個人事業主への実績があるとよいです。

また、商標登録をしているセラピスト仲間がいれば、相談して弁理士を紹介してもらってもよいでしょう。

◉相談するときのポイント

インターネットなどには、商標登録に関する情報が多く出ています。「商標区分がどれにあたるのか？」など、全てを丸投げせずに、商標に関する最低限の専門用語の知識があると話が進みやすくなります。

また、希望する商標がすでに登録されている、もしくは申請内容が一般的に認可されないということも踏まえ、複数の候補を事前に用意しておいてからセラピスト・シェルパに相談できるとよいでしょう。

◉契約のしかた、料金体系など

商標登録等は特許庁に支払う費用が決まっています。

弁理士に依頼する場合、商標登録費用の他に、代理手数料が発生します。ホームページなどで公開されている場合もありますが、事前に確認するとよいでしょう。

士業系
司法書士

個人や法人の実体法上の重要な権利について、登記、供託などを行います。サロンやスクールを株式会社や社団法人等に法人化する手続きなどです。

◉ここがプロフェッショナル

セラピストの仕事、それにまつわる法的書類がどういったものかを、ある程度把握しています。

業務委託やスクール入校時など、諸々の書類製作を代行してくれるケースもあります。

また、そもそも法人化することがベストな選択なのかを冷静に見るなど、法人種類（株式会社、合名会社、一般社団法人、NPO法人など）各々のメリットとデメリットを適切に説明してくれます。つまり「法人化さえすれば成功というわけではない」ことも伝えてくれます。

◉このシェルパの探し方

ホームページやブログ等、インターネットを通じて接点を持てます。

また最近は、個人を対象として活動しているシェルパも増えてきていますので、異業種の交流会等で知り合えることもあります。

◉選ぶときのポイント

法律に関する適切な書類作成に至るまで、丁寧に対応してくれるかどうかがポイントです。

また、仲間のセラピストに、法人化の手続きを実際に行った際の事例を聞くなどして、セラピスト・シェルパを紹介してもらうのもよいでしょう。

◉相談するときのポイント

法律的な文言についてはよく分からなくても、現状を適切に伝えることが大切です。

また前述のように、「なぜ法人化を検討しているのか。法人化を通して何を求めているのか」などをしっかりと伝えるとよいでしょう。

◉契約のしかた、料金体系など

法律に関わる書類を作成することが主な業務となっており、代理作成費用の基準を細かく設けていることが多いです。

依頼内容によりますので、やはり事前に料金体系、期間、回数などをしっかりと提示してもらうことが大切です。

士業系
税理士

税務に関する専門家です。個人セラピストであっても、収益が発生すれば確定申告など税務処理は必要で、その際のアドバイスや事務処理などを代行してくれます。経理上のアドバイスをしてくれる税理士もいます。

◉ここがプロフェッショナル

数字に苦手意識を持っているセラピストに対しても、適切かつ分かりやすく伝えるプロです。

また、経理上の書類作成のアドバイスなども、分かりやすく説明してくれます。

日々の業務に忙しいセラピストは、経理処理をつい後回しにしがちです。そんなとき、このセラピスト・シェルパは、どういった経理処理方法がよいか、確定申告をスムーズにするためのアドバイス等をしてくれます。

◉このシェルパの探し方

最近は個人事業主向けの業務を代行してくれる税理士法人もあり、インターネットなどで見つけられます。

また、セラピストや対人サービスの個人事業主を専門に対応する独立系税理士も現れています。

◉選ぶときのポイント

個人事業主を対象とした税理士であれば、確定申告に至るまでのアドバイスも適切です。

セラピストのような、対人サービスの経費管理をアドバイスできるセラピスト・シェルパがベストでしょう。

また、個人で開業していても税務調査されることはありますから、そういった状況でも適切にサポートしてくれる税理士は、まさにセラピスト・シェルパといえます。

◉相談するときのポイント

確定申告の際のアドバイスのみか、日常の経理管理にもアドバイスが欲しいのかなど、何を依頼したいかを明確にしておくとよいでしょう。

◉契約のしかた、料金体系など

経理管理、確定申告、処理代行、アドバイス等、業務内容によって費用はまちまちです。

年間契約など長期契約の方法もあれば、依頼内容によっては単発で依頼できる場合もあります。

士業系
行政書士

官公庁に提出する許認可手続き書類の製作代行や、提出手続きなどを行ってくれます。

最近は、都道府県などが母体の活用可能な助成金、補助金申請書類の手続き代行を行うケースもあります。

◉ここがプロフェッショナル

官公庁に提出する書類の作成力を備えています。

さらに、都道府県などからの助成金や補助金にどんなものがあるかを詳細に把握し、助成金申請書類作成や申請手続き代行などを行ってくれるセラピスト・シェルパが存在しています。

◉このシェルパの探し方

個人で行政書士をしているシェルパも増えてきているので、インターネットで探せます。

行政書士が所属している地域の団体に問い合わせてもよいでしょう。

◉選ぶときのポイント

まず、何を専門としているかを確認しましょう。

特に最近では、助成金、補助金の申請アドバイスをメイン業務とするシェルパが増えてきています。

また、助成金、補助金等の申請については、書類内容のクオリティによっては申請が通らないケースもあるので、実績をしっかりと確認するとよいでしょう。

◉相談するときのポイント

相談内容を明確にしておくことが大切です。

例えば、サロン内で提供していたハーブティーやオーガニック料理を新たにサロンメニューの一つとして提供する場合、どういった対応（許認可等）が必要か？　などです。

また、事前に費用を確認するとよいでしょう。

◉契約のしかた、料金体系など

官公庁に提出する際の書類作成料金はある程度決まっていますが、助成金補助金申請書類作成費用などもあり、まちまちです。

費用の相場などは地域によって違いますから、直接問い合わせてみることをお勧めします。

士業系

社会保険労務士

労働関連法令や社会保障法令に基づく書類作成代行や、労務管理や社会保険関連のアドバイスを受けられます。サロンスタッフを雇っている場合には、とても頼りになります。

◉ここがプロフェッショナル

サロンスタッフを雇用する際の各種手続きや労務管理や、厚生労働省所管の助成金や補助金に関する手続き等のサポートをしてくれます。

一人一人の雇用に関する業務だけでなく、店舗全体のことを考えてセラピストにアドバイスできるシェルパがプロといえます。

◉このシェルパの探し方

社会保険労務士は主に企業を対象とする業務のため、ホームページで検索できることが多いでしょう。

地域性も大切なので、地元の経営者などに聞くのも一つの方法です。

◉選ぶときのポイント

セラピストがオーナーの場合、スタッフ雇用等でこのシェルパの力を借りるケースが多くなります。

後々も社員数や雇用形態の変更時などに相談できますので、サロン店舗の実績があるシェルパを探すとよいでしょう。

さらに、厚生労働省所管の助成金や補助金についての新しい情報を把握しているか、セラピストにとって活用できる助成金、補助金かどうかなどの知識や経験があるかどうかも重要です。

◉相談するときのポイント

スタッフや社員の雇用形態を適切に伝えることが大切です。

定期的に会えなくとも、積極的にコミュニケーションを図るとよいでしょう。

◉契約のしかた、料金体系など

基本的には月々の顧問契約が中心となるが、お試しを含めて単発の相談を受けてくれることもあります。

地元の経営者からの紹介などであれば、委託したい業務について事前に相談して料金体系等を確認できます。

士業系
社会福祉士

「ソーシャルワーカー」とも呼ばれます。身体上・精神上の障害によって日常生活に支障がある人からの福祉の相談に対して、助言や指導、援助を行っています。場合によっては、一つの問題に対して、セラピストと協力して向かうこともあるでしょう。

◉ここがプロフェッショナル

セラピストは困りごとの相談に乗る仕事であるがゆえに、まれに行政の手を借りなければならない事案に直面します。その際のリファー（専門家につなぐ）にこのセラピスト・シェルパが対応してくれます。

セラピストは困っている人を放っておけない傾向があるので、自分の手に余る事例も抱え込む可能性があります。

このセラピスト・シェルパとの接点を持ち、ネットワーク形成しておくことは大切でしょう。

◉このシェルパの探し方

急を要する場合は、地元の行政（福祉課など）に相談すると、紹介を得られる可能性があります。

また、独立系の社会福祉事務所もあるので、ホームページなどで探すとよいでしょう。

◉選ぶときのポイント

行政から紹介されるケースが多くなりますので、セラピスト自身が選ぶ機会はあまりないかもしれません。

しかし、社会福祉士に関わったことのあるセラピストが身近にいたならば、紹介を受けるのもよいでしょう。

現実的には様々な組織に所属していることが多いです。

◉相談するときのポイント

クライアントの同意が必要となることが多いので、社会福祉士に相談する前にクライアントの了解を得ておく必要があります。クライアントの了解なしに相談してしまうと、セラピストの守秘義務に抵触しますので注意しましょう。

◉契約のしかた、料金体系など

個人の相談をスポットで行っているところもあります（1時間あたりの料金設定など）。

社会福祉士がいずれかの組織に所属していれば、その組織との契約となります。

セラピスト・シェルパ㉓

アドバイザー&コーチング系
ブラッシュアップアドバイザー

セラピストスキルの基礎の確認や、より適切な施術方法、効果的な身体の使い方など、ブラッシュアップ（磨き上げる）のアドバイスをしてくれるセラピスト・シェルパです。

◉ここがプロフェッショナル

すでにベースとなる技術を持っているセラピストに対しての技術的アドバイスであるため、セラピスト一人一人の技術習得状態に合わせて必要なアドバイスができることがポイントです。

また、セラピスト自身がこれまでの歩みに対して自信喪失しているケースもありますので、技術だけでなく心の在り方なども伝えられるセラピスト・シェルパがプロといえます。

◉このシェルパの探し方

ブラッシュアップセミナーなどが開催されていますので、比較的簡単に接点を持てるでしょう。

インターネットで探すことも可能です。

もちろん、周囲のセラピストがこのシェルパと出会っているケースも考えられますので、そういった情報を広くかつ冷静に集めていくというのも有効です。

◉選ぶときのポイント

新たなスキルを伝える能力だけでなく、その技術習得がセラピストにどんな変化をもたらすのかを、適切な言葉と態度で伝えられるかが重要です。

また、セラピストとシェルパのポリシー（セラピストスタンス）が合うことも重要なポイントでしょう。

◉相談するときのポイント

すでに習得したスキルを見直そうとしても、身に付いてしまった悪い癖は、自分ではなかなか気づけないものです。そのあたりをシェルパに聞いてみるとよいでしょう。

新しいスキルを身に付ける場合は、すでに自分が持っているスキルを事前にシェルパに伝えておくと、教え方を工夫してくれる可能性があります。

◉契約のしかた、料金体系など

単発のセミナー受講の場合は一日あたりの受講料です。定期的に学ぶ場合や、数十時間を超える技術習得講座など、多種にわたります。

多くのケースでインターネット上に表記されています。ただ中には、あえて表記していないセラピスト・シェルパもいますので、その際は実際に足を運ぶ必要があります。

また、技術習得に関することなので、原則事前支払いが一般的です。事前に説明をしっかりと聞き、家族や友人などの第三者の意見も踏まえて契約するのがよいでしょう。

アドバイザー&コーチング系
メンテナンスコーチ

ボディケアやリラクゼーション、ビューティケアを行うセラピストは、日頃から身体を使うため重労働であり、身体への負担が大きいものです。

そんなセラピストの身体のメンテナンスを行うシェルパを、本書では「メンテナンスコーチ」とします。

◉ここがプロフェッショナル

どんなタイプのセラピストに対しても身体の使い方を適切に伝えられ、負担の掛かりやすい部位に適切な施術をし、同時に改善点を指摘してくれます。

メンテナンス中に、身体の使い方など、負担を軽減するためのアドバイスをしてくれることもあります。

◉このシェルパの探し方

インターネットでも探せますが、やはり同業のセラピストからの紹介がベストでしょう。

また、セラピスト自身が、今どういった身体の問題を抱えているか、どのようなメンテナンスが必要か、などを把握したうえで、同業の仲間から情報を得るとよいでしょう。場合によっては、複数のメンテナンスコーチが必要となることもあります。

◉選ぶときのポイント

技術的なレベルはもちろんですが、個々のセラピストに応じた日々の身体の使い方などを同時にアドバイスしてくれるセラピスト・シェルパがよいでしょう。

やはり、セラピストとセラピスト・シェルパのポリシー（セラピストスタンス）が合うことも重要ポイントといえます。

◉相談するときのポイント

セラピストは日頃、自分自身のメンテナンスを後回しにしがちですが、このシェルパにはしっかりと心と身体を預けることが大切です。

セラピストが心身ともにリフレッシュすることや、自身さえ気づかなかった負担個所を把握することによって、長きにわたってセラピストライフを送ることが可能となります。

◉契約のしかた、料金体系など

施術を受ける際に、一般的な施術料金を払ってメンテナンスを受けるケースが多いでしょう。ただし、営業時間外や特別な対応をしてもらう際はそのケースに当てはまりませんので、確認が必要です。

アドバイザー&コーチング系
スーパーバイザー

クライアントのメンタルケアを行っていると、セラピスト自身の精神面も疲弊することがあります。そこでスーパーバイザーは、セラピストの抱えた悩みや問題を解消するための、的確なアドバイスを与えてくれます。

ご相談がありまして…
なるほど、そうだったのですね
かくかくしかじか…

◉ここがプロフェッショナル

主にカウンセリングなど対面でのメンタルケアを行うセラピストは、守秘義務などからクライアントの情報を他人に伝えることができません。それゆえに、セラピスト自身のメンタルに負担が掛かることがあります。

そこで、スーパーバイザーはセラピストの事情を汲みつつ、セラピストの活動をうまく進めていくためのアドバイスをしてくれます。

◉このシェルパの探し方

自らが所属しているカウンセラー団体などに問い合わせれば、スーパーバイザーとなる方を紹介してもらえるかもしれません。

その他、インターネットなどで発信されている情報に共感できたり、個々の勉強会やセミナーなどに参加して高い倫理性を持っていると感じる方がいれば、接触してみてもよいでしょう。

◉選ぶときのポイント

倫理性が高く、豊富な経験値を持つシェルパであることが大前提です。そのうえで、セラピストが直面している事例へのアドバイスだけでなく、今後の活動における中長期的なプランをともに考えてくれるなど、セラピストの精神的な成長も促してくれる方がよいでしょう。

◉相談するときのポイント

自分のクライアントに対して、スーパーバイザーの存在を事前に伝え、クライアントの個人情報を漏らさないことを確認し承認を受けたうえで、スーパーバイザーにコンタクトする必要があります。

相談時の状況を的確に伝えるために、クライアント了承のもと、記録した資料などを準備する必要があります。

◉契約のしかた、料金体系など

海外では、セラピストがスーパーバイザーにシェルパとなってもらうことは広く知られています。日本国内でも現在、各団体がスーパーバイザーの養成教育を行っています。

料金体系などは、スーパーバイザーを養成教育している各所属団体で明示しています。

セラピスト自身の所属団体ではなく、個人で依頼する際は、直接問い合わせてください。

アドバイザー&コーチング系

インターナショナルアテンダント

海外での活動や学習を希望するセラピストに向けて、アドバイスやサポートをするシェルパです。国による渡航条件の違いを把握し、現地での生活が問題なくできるようにサポートしてくれます。

◉ここがプロフェッショナル

海外では日本の常識が通じないケースも多々ありますが、そうした事情も把握しており、交渉力に長けています。

現地では、セラピストが活動するうえでの各種手続き、宿泊先の手配などをしてくれるケースもあります。

さらに、関係者との間の通訳なども行ってくれます。

◉このシェルパの探し方

現在は、まだ絶対数が少なく、インターネット上などにも、直接的な情報はあまり出ていません。現地にいる日本人や、現地と関係性を持っている日本人をインターネットで探し、そこからツテを頼ることになるでしょう。

しかし今後、日本のセラピーが世界に広がる過程の中で、このシェルパの存在感が増してくると予想されます。

目的の国への渡航を得意とするツアー会社があれば、そこに相談してもよいかもしれません。

◉選ぶときのポイント

一口に海外といっても、当然、国によって慣習や適切な活動のしかた等の違いがあります。そのため、現地の実情に詳しいかどうかが選定のポイントになります。

そのシェルパが普段どのような活動をしているのかを、しっかりと見極める必要があります。

◉相談するときのポイント

このシェルパは、インターナショナルアテンダントが本業ではないことが多いでしょう。目的の国の事情に通じている方などに、その国でセラピスト活動をしたいということを丁寧に説明したうえで、仕事として依頼できるかどうかを確認しましょう。

◉契約のしかた、料金体系など

情報が乏しいため、明確な料金体系はありません。

正式に依頼するならば、口頭だけでなく書面に残し、事前の契約書類の作成は必須です。

また、日本とは異なる商取引となりますので、たとえ書面に残していたとしても、金銭的なやりとりに関しては慎重さが求められます。

コミュニティ系
イベンター

全国各地に様々なジャンルのイベントがあります。

それらのイベント全体を企画し、会場の確保から設営、営業活動などを行うのがイベンターです。

◉ここがプロフェッショナル

イベントにセラピストが出展することで、活動の幅を広げたり、新たな仲間やクライアントとの接点が得られます。

このセラピスト・シェルパは、地域や様々な業種の企業などを上手に巻き込みながら、イベントを成功に導いてくれます。柔軟性と実行性を兼ね備えていて、交渉力も高いといえます。

積極的な営業など、セラピストが苦手とする分野においても適切に対応してくれます。

◉このシェルパの探し方

様々なイベントに出展している同業の仲間がいれば、そこからイベンターとつながることができるでしょう。

あるいは、開催されているイベントに足を運び、スタッフに声を掛けて接点を作ることができます。

◉選ぶときのポイント

地域や対象、テーマによって、イベントの特色も主催者であるイベンターも違ってきます。やはり各々のイベントに参加者として積極的に関わり、その雰囲気の違いなどを知っておくとよいでしょう。セラピストとしてどんな立場で臨むのか、どういうサービスを提供するのか、そしてどんな結果を求めるのかを明確にしておくことが、選ぶときのポイントになります。

◉相談するときのポイント

説明会等の公の場での相談だけでなく、イベンターと直接やりとりすることも必要です。

今までのイベント実績（客層や来場者数など）だけでなく、開催スケジュールや、自らが出展するものが相応しいのか、なども確認しておきましょう。

また、当日に向けての準備内容など、どんどん聞くとよいでしょう。総じてイベントは、主催者の影響を大きく受けるからです。

◉契約のしかた、料金体系など

出展費用として支払う、あるいは共同主催するなど、イベントへの関わり方によって大きく異なります。

また出展といっても、一律のブース代金を払うのか、売り上げのパーセンテージ支払いなのかなど、イベントによってまちまちです。そのことを踏まえて契約を結ぶとよいでしょう。

コミュニティ系

コミュニティオーナー

人が集まりやすいコミュニティ空間を創り、その場に人の流れを起こします。そのコミュニティ内で生まれる様々な動きの中に、セラピスト自身も加わることができます。

◉ここがプロフェッショナル

圧倒的な人脈を持ち、「この人とあの人をつなげれば、新しい価値が生まれるのでは？」といつも考えています。

それぞれのコミュニティオーナーには、「こんなコミュニティにしたい！」という強い思いがあります。

また、人が集まることによる相乗効果をイメージできていて、今まで出会ったことのないような人とつながりをもたせてくれるセラピスト・シェルパです。

◉このシェルパの探し方

コミュニティオーナーは様々な集まりを企画しているので、そこに参加することで接点を持てます。知り合いから誘われて参加するケースもあります。

その際は、セラピスト・シェルパだけでなく、集まってくる人たちの雰囲気を見ておくとよいでしょう。往々にして、主催者に近いタイプの人たちが集まるからです。

◉選ぶときのポイント

コミュニティオーナーの普段の仕事や活動を知っておくとよいでしょう。

コワーキングスペース（共有オフィス環境）等を運営しているシェルパなら、イベントだけでなく、関わりの範囲が広がります。事前に連絡をすればコワーキングスペースの見学が許される場合が多いので、積極的に足を運ぶとよいでしょう。

◉相談するときのポイント

しばらくはイチ参加者として関わりつつ、関係性をじっくりと構築することがベストです。

また、そのコミュニティの活動目的が自分の意にそぐわない可能性もあるので、コミュニティの性格をよく見極めましょう。

◉契約のしかた、料金体系など

イチ参加者として参加するのであれば、参加費で済みます。

コワーキングスペースなども共同で運営しているようでしたら、月会費などを支払ってコミュニティメンバーになる場合もあります。

また、コラボイベント等で共同主催する場合は、ケースバイケースとなります。

セラピスト・シェルパ㉙

コミュニティ系

社会起業家（地域活動家）

社会変革の担い手として、社会の課題を事業によって解決していくのが社会起業家です。

一般に、ＮＰＯのように営利を目的とせず、継続可能な何らかの事業を起こして社会に利益を還元していきます。

◉ここがプロフェッショナル

セラピストがＮＰＯなどの活動に加わることで、セラピーを通して地域や社会の発展に貢献できる可能性があります。セラピストがそうしたスタンスでの活動を求める場合、このセラピスト・シェルパは助けになるでしょう。

このシェルパは、社会の課題を事業で解決するための幅広い人脈と行動力、知識があります。

◉このシェルパの探し方

自らの事業内容や理念をインターネット等を通じて発信している場合があるので、これがまず有力な接点となるでしょう。

また、各地域の中で活動しているので、行政の地域担当から紹介してもらえる可能性もあります。

セラピスト自身がそのシェルパの理念などに共感し、活動に参加することでつながることが多いようです。

◉選ぶときのポイント

このシェルパ自身は、強い目的意識を持って活動しているはずです。そのため、お互いのビジョンや利害が一致するかどうかがポイントになります。

インターネットなどでの発信情報だけでなく、普段語る言葉や利害関係者との関わり方を通して、セラピストとして役に立てるかどうかを見極めるとよいでしょう。

◉相談するときのポイント

NPOなどの職員としてではなく、セラピストとして事業に関わりたいのであれば、どのようなかたちで事業に協力できるか、ある程度のビジョンを持って相談をしましょう。

その際、セラピストがしたいことだけでなく、関わることでその活動にどう活かせるか？　といった視点が必要となります。

◉契約のしかた、料金体系など

活動に参加するかたちで関係性を構築できれば、大きな費用は発生しないでしょう。

ただし、正会員や賛助会員など、参加のかたちで費用が変わってきますので、セラピスト・シェルパが所属する各団体に問い合わせる必要があります。

コミュニティ系
エンジェル投資家

創業間もない企業に対して資金を供給し、金銭的な見返りを得る投資家です。事業として進めていくための、経営上のアドバイスをもらえる場合もあります。

◉ここがプロフェッショナル

投資家は、一般的な企業を対象とした場合、企業の株式公開などによって見返りが得られます。しかし、セラピーを事業にした企業は事業規模が小さいことが多いため、投資家は社会貢献活動の一環として投資を行います。

投資家は、ただ資金を供給する役割だけではありません。もともとビジネスで成功した方が多いため経済の動きに敏感で、事業運営に高い見識を持っています。投資に対するリターンを常に考えているので、セラピストがどう経済活動を高めていくかなどの、アドバイスをしてくれることがあります。

◉このシェルパの探し方

一般的な情報からは接点を持つことは難しいでしょう。知り合いからの紹介や、様々な集まりの中から、このシェルパとつながっていける可能性があります。

◉選ぶときのポイント

このセラピスト・シェルパが、どのような目的で投資をしているのかを理解しましょう。

また、資金源としてではなく、ビジネスの大先輩として尊敬できる人物かどうかも大切なポイントです。

メンター（指導者・助言者）としての役割を担っているセラピスト・シェルパも存在しています。

◉相談するときのポイント

セラピストは投資を受ける側なので、自分の事業の可能性や今後の計画、投資に対してどのようなメリットがあるかなど、しっかりと提示しましょう。

◉契約のしかた、料金体系など

投資を受けるにしても、シェルパが主催する勉強会や集まり等に参加するための費用が掛かり、各々料金システムが存在します。

注意すべきは、投資をちらつかせて多額の費用を支払わせるケースもあるので、他のセラピスト・シェルパの意見を取り入れるなど、冷静な判断が必要です。

◎チャプター2　参照サイト：ウィキペディア　https://ja.wikipedia.org/

Chapter 3

セラピスト・シェルパを活用したロングライフ・セラピスト

実際のケース① 経営のプロに支援を求めた例

◉苦しい時期を乗り切るための、複数の経営視点

東京世田谷の閑静な住宅地のプライベートスペースで、オーダーメイドのメニューを提供するリラクゼーションサロン「mah（マー）」。そのオーナーセラピストである西村さんは、10年のセラピスト歴を持つロングライフ・セラピストです。

彼女がサロンを開業した当初、一人も利用者がいない日もあるなど苦しい時期もあったそうです。もし、自分だけの視点で経営をしていたなら、不安と迷い、あせりから方針を間違え、癒しの現場に立ち続けたいという思いも折れてしまっていたかもしれません。

ですが、彼女はセラピスト・シェルパの支援を求め、正しく付き合うことができたことで、苦しい時期を乗り越えました。今では、月平均40～60人くらいの安定的な来客数を2年以上も継続して得られ、リピート率80％を超えるサロンになりました。

「足りない視点をその道のプロから提供してもらいつつ、自分で行動を決めたことが、苦しい時期を乗り切る力になりました」と西村さんは言います。

◉「私は現場が好き」という思いを忘れない

西村さんは、元々大手チェーンのアロマサロンでセラピストをしていました。いつの日か独立したいと考えていましたが、そのためのきっかけとなったのは、どうしても自分の肌に合わない精油を使わなければならなかったことでした。

その当時働いていた大好きなサロンでこのまま働き続けたい、でもこのままでは長くセラピストを続けられない……。

そのとき、西村さんが思ったのは、「私は現場が好き。常にお客様と関われる場所に立っていたい」という強い気持ちでした。そこで、セラピストである自分がセラピーに集中できる環境を作ろうと、独立・開業を思い立ったのです。

西村さんは、それまで勤めていた大手アロマサロンを退社し、開業準備をスタートします。しかし、分からないことだらけで立ち止まってしまいました。

「誰に何を聞けばいいのだろう?」

そこで、経営のプロである二人のシェルパにアドバイスを求めようと考えました。ここで西村さんが意識したことがありました。

「たった一つの視点で決めてしまわないようにしよう」

これは、自分一人の視点では決めないことであり、また受けたアドバイスを鵜呑みにしないことでもあります。

オーナーセラピスト一人の考えでは、何かあったときに視野が狭くなってしまうものです。また、受身になりすぎても自分を見失いかねない。けれども、複数の視点から見ると、冷静に判断して行動できるのではないか。1本の矢では簡単に折れてしまうけど、3本束ねれば折れなくなるという、「3本の矢」のような発想です。

西村さんは、常に複数の視点からの支援を

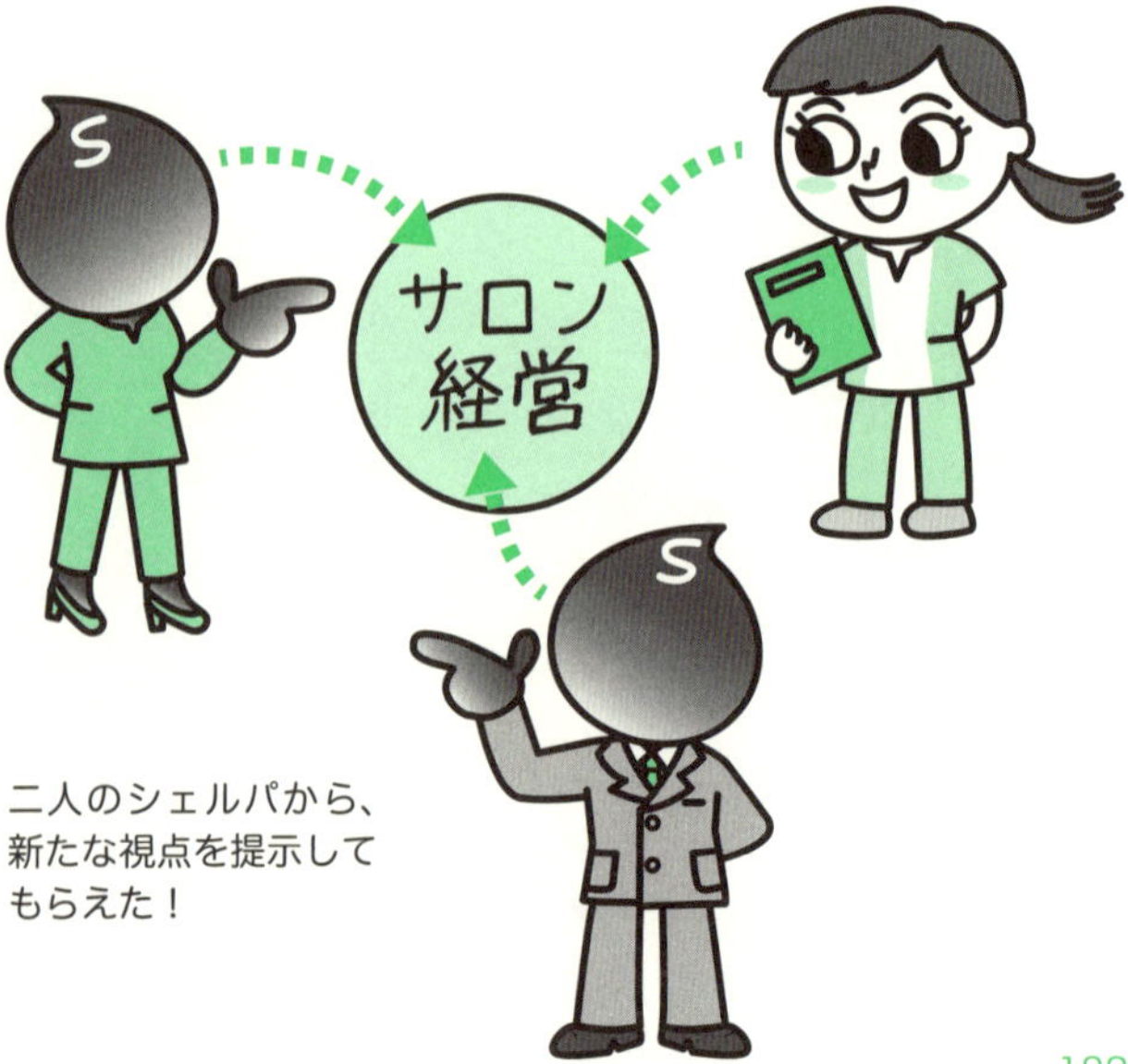

二人のシェルパから、
新たな視点を提示して
もらえた！

得られる環境を整えようと考えたそうです。

自分に足りないものを明確に

シェルパから経営の支援を受けようと考えたとき、西村さんが初めにしたことは、自分に足りないものを明確にすることでした。

当時、西村さんが自分に足りないと考えていた経営スキルは二つありました。

一つは、数字について。大手アロマサロンに勤めていたときは売り上げを上げるためのノウハウや視点を持っていましたが、サロンオーナーとして、売り上げの推移や在庫の管理、経費の処理など、経営に関わる数字全般を見る視点が足りないという思いがありました。

もう一つは、業界の流れについて。自分のサロンでは、お客様が本当に求めるセラピーを、業界の流れを加味したうえでお勧めしたい。業界全体の流れや傾向を、俯瞰的に見る視点が欲しいと、西村さんは考えました。

そのような、自分に足りない視点をセラピスト・シェルパから得つつ、最終的に自分自身で決断して行動に移すことが、長くセラピストとして活躍していくことにつながると考えていました。

●依存せずに単発のアドバイスをもらう

経営に関わる数字については、以前から接点があった経営コンサルタントであるセラピスト・シェルパに依頼をしました。

受けたアドバイスには、次のようなものがありました。例えば、扱う商材について、品質と在庫スペースなどを踏まえて、大口発注をすることで経費を削減すること。また、サロンの内装等に掛かるコストをオープン時は抑えて、運転資金に回していくこと。サロンを開業しようとするとき、強い思い入れから内装にはコストが掛かりがちです。

こうしたアドバイスはご自身でも意識していたポイントでしたが、再確認できました。結果的に、開業直後の売り上げが上がらずに苦しい時期であっても、セラピーに集中できる環境を維持できたのです。

業界の流れに関する支援については、時間を掛けて別のセラピスト・シェルパを探したそうです。開業当初には、立地やメニュー構築、サロンレイアウト、リーフレットなど具体的なアドバイスを受けました。サロンが軌道に乗ってからは、スクール運営や新メニュープラン作りなど、多岐にわたったそうです。結果的に、新しいメニュープランが西村さんの大きな飛躍と継続の土台になっているとのことです。

西村さんは、セラピスト・シェルパに支援を受ける際に、継続的なコンサルティングではなく、単発のアドバイスを受けるようにしていました。継続的なコンサルティングを受けなかった理由は、費用面だけではなく、アドバイスをくれるセラピスト・シェルパに依存してしまうことへの予防線でもありました。単発でアドバイスを受けるためには、事前に聞きたいことを絞り込むために自主的に考えることが必要になりますし、受けたアドバイスを自分のものにしやすくなります。

複数の人にアドバイスを受けても、それに振り回されて右往左往するようでは逆効果となります。長くセラピストを続けていくために、決断して行動するのはあくまでも自分であるという西村さんの姿勢は、非常に重要なことです。

◉気持ちの面でのセーフティーネット

「具体的なアドバイスはもちろんのこと、中長期的な考え方について客観的な意見をもらえたこと。それがセラピストとして歩むうえで気持ちの面でのセーフティーネットになりました」と西村さんは言います。

売り上げが落ち込んであせっていた時期に、「それは客層の流れや季節の変化、メニューの特性によるもので、今は耕す時期ですよ」と、セラピスト・シェルパからアドバイスを受けたこともあったそうです。

あせっているときほど、状況を客観的に把握することは難しいものです。そういうときのためにも、第2、第3の視点からアドバイスをもらえる関係性は大切でしょう。

アドバイスによって安心感を得られ、これからも続けようという気持ちになれたことは、西村さんにとってとても大きなことだったそうです。

◉変わらない大切さと、変われる強さ

西村さんには、大手アロマサロンに勤めていたころから今に至るまで、変わらない思いがあります。それは、「目の前のお客様と直接触れ合えることが、自分にとって一番大切なこと」という思いです。こうした思いは、現役のセラピストや、これからセラピストを目指す多く人にも共感できる思いでしょう。

しかし実際には、今の立場や与えられた仕事に追われて「一番大切なこと」に集中できず、そればかりか自分のケアにも手が回らなくなって、落ち込んでしまうセラピストを数多く見聞きします。

「これからセラピストとして長く続けていきたいなら、今いる環境が自分に一番合っているのだろうか？　と自らに常に問い続けてほしい。今はセラピストと一口に言っても、そのジャンルやスタイルなどは多様性が増していて、正解が一つじゃない。だからこそ、セラピストとして大切なことは変えずに、その他はどんどん変えていけるとよいのではないでしょうか」（西村さん談）

社会情勢や業界の流れを踏まえた俯瞰的なアドバイスをシェルパから受けられる関係

性。そして、支援に頼り切らず、自分に足りないものを補完していこうという意思。それらによって、セラピーに集中できる環境を自ら作ることができたよい事例です。

◉セカンドオピニオンで冷静に判断する

西村さんがロングライフ・セラピストになれたのは、「自分に必要な支援は何か?」を冷静に判断できたからでしょう。さらに、一つのアドバイス、一人のコンサルタントに頼り切りにせず、第三者の意見を取り入れながら、最終的に自ら決断したことも重要でした。

医療では、一人の医師の診断だけで治療方針を決めずに、他の医師の意見を求めることを「セカンドオピニオン」といいます。セカンドオピニオンは誤診を防ぐためや、より適した治療法を探すためのものでもありますが、患者が自主的に考えて行動するためにとても大切だといわれます。西村さんがサロン経営について行ったことも、セカンドオピニオンだといえます。

「経営のプロであるシェルパ」といっても、そのジャンルや手法は多岐にわたります。また、支援を受けるセラピスト本人にも、得意・不得意や、経験の差があり、それによって必要な支援が変わってきます。そのため、自分に足りない部分を知り、それを補完できるシェルパを探すことが重要になります。

だからこそセラピスト自らが主体性を持って、セカンドオピニオン的にセラピスト・シェルパに支援を求める方法は、大いに参考になるのではないでしょうか。

実際のケース② WEB活用のプロに支援を求めた例

「息苦しさ」に向き合い、自分のかたちを探す

首都圏を中心に活動するヒーリングサロン「Aremiti（アレミティ）」を経営するボディ透視ヒーラーまつうらさんが、WEB活用のプロであるセラピスト・シェルパに支援を求めた事例を紹介します。

まつうらさんのセラピースタイルは、ボディワークとリーディングを中心とした方法で、セラピスト歴は10年です。しかし、彼女いわく「活動を始めて8、9年までは〝自分のか

たちがない〟セラピスト」だったそうです。

しかし、自己流のWEB活用の中で感じていた「息苦しさ」「やりづらさ」への葛藤に理解を示してくれるセラピスト・シェルパと出会い、問題解決とともに〝自分のかたち〟を見つけ出すことへもつながりました。

「お客さんの力になった後も、私の存在が埋もれてしまうことなく、また必要なときがくればお客さんに呼んでもらえる。そんな関係をお客さんと構築することが、長くセラピストとして生きていくためには大切なこと。WEB活用のプロから受けた支援を通して、そのことを教えられました」(まつうらさん談)

●皆がWEBを使っているから……

近年では、サロンのWEBサイトを持つことは、当たり前になってきました。そして、ブログやフェイスブック、ツイッターなど、SNSを使った集客や情報発信も、多くのセラピストが行うようになってきました。

まつうらさんも、サロンを開設した当初からWEBサイトを立ち上げていました。また、大手ブログサービスを利用して、コンスタントに記事を投稿していました。

しかし皆が使っているからという理由だけで、「漫然と使っていた」そうです。毎日、時間を割いてブログをアップし、自らのスタンスについて気持ちを入れて記事を書いても、目立った集客効果は得られず、反応があるのは同業のセラピストからだけ。しかも、ときには批判的なコメントが書き込まれることもありました。

そうした日々の中で、まつうらさんに「息苦しさ」「やりづらさ」などの違和感が蓄積していきました。

多くのセラピストがこのような違和感を抱えつつも、「みんなが使っているから」という理由で漫然と大手ブログサービスを運用しているのではないでしょうか。

中には、「毎日、ブログやフェイスブックを更新しないと」「自分をよく見せないと」「気の利いたことを書かないと」と追い詰められているセラピストもいることでしょう。その結果、目の前のお客さんへ向けるべきエネルギーが分散してしまうようでは、本末転倒です。

◉目の前のお客さんに集中するために

やがて、まつうらさんにある思いが芽生えてきました。それは、「この違和感を感じることなく、WEBを上手に活用できれば、目の前のお客さんに集中できるのに」というものでした。

そして、「私のそんな思いを受け止めてくれて、かつプロの視点でサポートしてくれる人っていないのかな？」と考えたそうです。

そこで、WEBサイトの制作依頼をしたデザイナーさんに話を聞くと、あるWEBコンサルタントであるセラピスト・シェルパを紹介してもらえました。

紹介されたWEBコンサルタントは、それまでもセラピストのWEB活用についてのアドバイス実績がある方でした。ですから、対人援助職というセラピストの立場や、まつうらさん自身が持つセラピストとしての思いをしっかり受け止め、そのうえでアドバイスをしてもらえたそうです。

もらったアドバイスの一つ一つは、まつうらさんにとって新鮮で、かつ腑に落ちるものばかりでした。その例としては、次のようなものです。

・CMS（コンテンツマネージメントシステム）仕様のWEBサイトの新設
・大手ブログサービスからの撤退
・メールによる情報提供
・SNSの活用方法の改善

加えて、そのシェルパは、次のようなことを強調したそうです。

・WEBサイトやSNS、メールなど、ツール毎の役割やそれらの連携
・受け手の視点に立った言葉遣いや表現方法
・情報発信のタイミング

まつうらさんにとって、それまでの8、9年の間、まったく意識してこなかったことばかりだったそうです。

「WEB活用の目的は、集客というよりコミュニケーションなんだ、と視点の変化があ

りました」（まつうらさん談）

◉つながっているという確信

まつうらさんは、アドバイスに従ってＷＥＢ活用の見直しを行いました。特に、まつうらさんは発信する言葉の一つ一つをお客さん目線で、徹底的に分かりやすく表現するように心がけたそうです。

すると、しばらくしてＷＥＢやＳＮＳを通じて、ぽつりぽつりと新規のお客さんからのアクセスが増えてきたのです。しかも、不思議なことに、新規のお客さんなのに以前から顔見知りだったかのようにセラピーを求めてくれるのです。

さらに、ＷＥＢやＳＮＳを通じて発信した情報に対して、既存のお客さんからお礼を言われるようになってきたのです。

そして、一番大きな変化は、まつうらさん自身に起きました。

「セラピストを始めた当初を振り返ると、〝お客さんの相談を解決に導いた後、二度と利用してくれないかもしれない〟というあせりがあって、それが無意識のうちにＷＥＢ上での表現に表れてしまっていたかもしれない。お客さんの不安や恐れをあおって集客していなかっただろうか？　それがやりづらさや息苦しさの元になっていたのかもしれない」

まつうらさんはそのことに気づけたのです。

今ではそんなやりづらさや息苦しさはなくなりました。WEB活用を通じて、自分を必要とする人とつながっているという確信が持てるようになったからです。その確信は、これからも長くセラピストとして生きていきたいという思いを強くさせました。

◉セラピーに集中するためのWEB活用

前述したように、現在はセラピストのWEB活用が当たり前になっています。WEBサイトやSNSは、集客にも告知にもブランディングにも使えます。しかも、やりようによってはコストも抑えられます。そうした特徴から、セラピストが自らの本分（セラピー）に集中できる環境を作り出すために、とても有効なことは確かです。

しかし、現実問題として、まつうらさんのようにWEB活用に戸惑い、やりづらさや息苦しさを感じているセラピストも少なくありません。しかも、集客にあせるあまりに、お客さんを不安にさせたり、恐れさせるようなメッセージを発信してしまっていることも散見されます。

こうした傾向は、やはりセラピスト自身のＷＥＢの世界に関する視野の狭さからきているのかもしれません。ＷＥＢの世界は、現在では敷居が低くなったとはいえ、そもそも非常に専門的であり、今後も機能が増えていくことでしょう。セラピストのみならず、ＷＥＢの専門家以外の人には完璧に使いこなすのは難しいことです。

だからこそ、セラピスト自身がどんなスタンスでＷＥＢを活用すべきか、一度よく考える必要がありそうです。

まず、セラピストに求められているのは、プロ並みにＷＥＢを活用することではありません。あくまでも、お客さんに自分の存在を知ってもらうため、セラピストが自分のメッセージを伝えるため、セラピーを必要とするお客さんとつながるためのツールです。決して、ツールに振り回されてはいけないのです。

もちろん、まつうらさんの事例が誰にでも当てはまるわけではないので、真似すれば必ず上手くいくわけではありません。提供するセラピーの特性やセラピストのスタンスによって、ＷＥＢ活用の方針は変わってきます。

だからこそ、セラピストの本分から外れない方法を一緒に考えて支援してくれるセラピスト・シェルパと出会うことが、なによりも大切なのです。

実際のケース③ 販促ツールのプロに支援を求めた例

◉販促ツールは義務?

札幌を中心として「憩いサロンび〜ず♪」を共同経営する二人のセラピストの事例を紹介しましょう。男性セラピストの貝之瀬さんと、女性セラピストの工藤さんです。

彼らは、タマラエナジーと整体の技術を用いて、クライアントのこわばった身体をやわらげ、自然治癒力を高めるセラピーを提供する「エネルギー・ボディ・セラピスト」として、7年の活動実績を持っています。サロンだけでなく、様々なイベントにも出張してきました。

活動を続ける中で、彼らにはある悩みがありました。それは、「アピールポイントが弱い」

ということです。

ボディケアを中心としたセラピーの場合、どうしてもアピールポイントは、身体に関することが中心になります。ですから、チラシ（フライヤー）やリーフレットなどの販売促進ツールで使えるのは、肩や腰、目などの不調の改善をうたう言葉ばかりが並びやすくなります。つまり、他のサロンとの差別化が難しく、クライアントにどうしても既視感を与えてしまうのです。

チラシなどの配布物は、クライアントの記憶に残り、アクションを起こしてもらうためのものなのに、インパクトを出すことが難しければ、記憶に残りづらくなってしまいます。貝之瀬さんと工藤さんもチラシを作りましたが、プロに頼むまでもないと思い、自分たちでデザインしました。しかし、作った本人たちが手渡すのを躊躇するような出来だったそうです。当然ながら、反応率も悪いものでした。

「チラシのような販促ツールを作ったり配ったりすることを義務的に感じ、積極的になれなかった」と言います。

彼らがシェルパを必要と感じたきっかけは、実はチラシとはまったく違う出来事でした。

ある日、貝之瀬さんは工藤さんから「男性セラピストはイメージが何より大事！」とアドバイスを受けました。実は貝之瀬さん、技術さえよければクライアントが来てくれると考え、髪型や身なりを二の次にしていたのです。そこで貝之瀬さんは心機一転、ボサボサだった髪をサッパリ刈り上げて、イメージチェンジを図りました。

すると、明らかに周囲の視線が変わったそうです。貝之瀬さんはとても穏やかで優しい語り口の方なのですが、彼の性格と刈り上げた頭髪とのギャップから、イベントで出会う方たちとの距離感をぐっと縮めてくれたのです。

もちろん、それだけでは集客に大きな変化はありませんでした。しかし、表現のしかたによって、相手に与える印象が確実に変わることを体験できたのです。

◉デザインが自信をくれた

ある日、貝之瀬さんは、ある方から受け取った名刺に目を奪われました。本人のイラストとともに、事業内容が分かりやすくデザインされていたのです。それは、一度見たら忘れられない、そんな名刺でした。

「この名刺って…」貝之瀬さんは、その名刺をくれた人に、デザイナーであるセラピスト・シェルパを紹介してもらいました。

早速連絡を取り、一度会うことになりました。聞いてみると、そのセラピスト・シェルパは色の勉強の一環としてカラーセラピーについても学んでおり、セラピストの活動についても理解が深かったそうです。そこで貝之瀬さんは、思い切ってお金を掛けて販促ツールのデザインを依頼することにしました。

貝之瀬さんと工藤さんが何より驚いたことは、打ち合わせの回数の多さでした。それまで二人がデザイナーに抱いていたイメージでは、こんな感じで作ってと一言言えば、望みどおりの作品が数週間でき上がる、というくらいのものでした。しかし、そのセラピスト・シェルパとは10回以上の打ち合わせが繰り返されたのです。

しかも、最初から名刺やチラシのデザインの話はしませんでした。むしろ、二人のセラピストとしての思いや活動の流れ、サロンのコンセプト、これからどうしていきたいかといった、チラシと直接関係ないような雑談が多かったのです。

そして二人は、セラピスト・シェルパから示された提案にも、心から驚いたそうです。

その提案はまず、二人の似顔絵を作り込み、それを名刺やチラシ、リーフレットなどのデザインに使うというものでしたが、それに留まりませんでした。立体的な名刺デザインの提案や、訴求キーワードの分析、チラシの活用法など、何から何まで二人だけでは到底想像もつかないものばかりでした。

販促ツールを見直した結果は、劇的なものでした。チラシベースで集客効果は3倍。イベント集客からサロンへの流動率も、計測できるだけで数倍になりました。

さらに、札幌エリアの中で二人の似顔絵がどんどん一人歩きしていったことも、大きな力になりました。「あ、あの似顔絵の？」と声を掛けてくれるお客様もいました。

何より、気持ちに大きな変化を感じたそうです。手にした販促ツールをどんどん積極的

プロによるチラシで、集客アップはもちろん、気持ちが前向きになれた！

に配布できるようになったのです。以前、自分たちで作った販促ツールを配布することに対して抱いていた「義務的」な気持ちを感じなくなったのです。

こうした変化は、自分たちはこれからもセラピストとして生きていけるんだ、という自信も生んだそうです。

◉セラピストの信念は伝わる

「デザインのプロは、いろいろな手法を持っているんだなぁ、と改めて思いました。セラピストが揺るがない信念を持ってさえいれば、今、何が足りないのかを、きちんと表現してくれると思います。でも、待っていても自分にぴったりなプロと出会うことはできないので、積極的に出会いを求めるといいのではないでしょうか」

貝之瀬さんが語ってくれた言葉です。これは重要なことです。

セラピストはセラピーを専門的に学び、こだわりをもって研究し、日々情報を集めています。だからこそ、クライアントが持ち込む様々な要望に応えることができるのです。

それと同じで、デザイナーに限らず、その道のプロと言われるセラピスト・シェルパは、我々が思いも寄らないようなたくさんのアイディアで答えてくれるものです。彼らと交流すると、目からウロコが落ちる体験ができるでしょう。

しかし、プロであれば誰でもよいわけではありません。徹底的にセラピストのことを考え、やりとりに付き合ってくれるセラピスト・シェルパをいかに見つけるかがポイントです。

しかも、相性というのもありますので、貝之瀬さんのように、「これは！」と思うデザインに出会ったら、そのデザイナーと積極的に接点を持つことをお勧めします。デザインはよくても、コミュニケーション方法やコスト、提案内容などが合わない場合もあります。これらは、話してみないと分からないものです。

ただ、間違ってはならないのは、主体はあくまでもセラピストということです。セラピストの信念が明確であることが一番大切なのです。本来、信念は目には見えないものですが、デザインのプロであるシェルパはそれを具現化して、目に見えるかたちにしてくれます。そうでないと、いくらお洒落なデザインであっても、セラピスト自身の販促ツールではなくなってしまいます。

デザインのみならず、セラピスト・シェルパの力によって生み出されるものは、セラピストの信念が投影されたものであることが重要です。それでこそ、セラピストに自信を与えるものになるのではないでしょうか。

実際のケース④　法律の専門家に支援を求めた例

◉コラボレーションには、魅力と心配事がある

ホームサロンでアロマテラピーを提供している女性セラピストの佐藤幸恵さん（仮名）の事例を紹介します。彼女は、セラピスト歴8年。旦那様とお子さんと過ごす家庭生活を大切にしながらも、他ジャンルとのコラボレーションやイベント出展など、新しい試みも自分のペースで行っています。

自分と他の誰かのスキルを合わせれば、新しい方法でお客様に喜んでもらえるかもしれません。また、イベントに出展すれば、これまで出会うことのなかった人たちと、触れ合える貴重な機会となります。コラボやイベント出展は、多くのセラピストが一度はしてみ

たいと思うことでしょう。

他人と関わり合うことは、コラボやイベント出展で新しい価値を生む魅力を持ちますが、同時に心配事の元にもなります。「もしかしたら、何かトラブルが起きるかもしれない」と不安になり、二の足を踏むセラピストも多いことでしょう。

佐藤さんは、その「もしかしたら」が実際に起きてしまった経験を持っています。そして、その経験を、セラピスト・シェルパの支援を受けることによって乗り越え、ロングライフ・セラピストになっています。

佐藤さんは言います。

「私が巻き込まれたトラブルは、決して特別なことではないと思います。思えばそれまで落ち着いたセラピスト・ライフが送れてきたのは、たまたまだったのかもしれません。特に私は気持ちが動転してしまっていたので、専門家からのアドバイスがこんなに心強いとは思いませんでした。トラブルがないのが一番ですけど、何かが起きることも想定していることは、とても大切なことだと思います」

◉意気投合のコラボレーション！…だったのに

佐藤さんは、お子さんがまだ幼いために、数年間は家庭のリズムを大切にしたいと考えていました。ホームサロンを完全予約制にして、自分の状況に合わせてイベント活動なども上手に行っていました。売り上げは決して多くありませんが、精神的に安定したセラピスト・ライフを送っていました。

そんなある日、セラピスト仲間から、オーガニック研究家・大賀久仁子さん（仮名）を紹介されました。大賀さんは、オーガニックと健康をテーマにした講演やイベントを行っていました。

植物の力を活用するアロマセラピストの佐藤さんは、オーガニックにこだわる大賀さんの活動に共感し、その場で意気投合しました。そこで、大賀さんとコラボレーションするイベント企画が持ち上がりました。

そのイベントとは、大賀さんの知人が経営するレストランを借り切って、食事会をしながらオーガニック素材やアロマに関する講演、ハンドアロマの提供などをするというものです。日程や定員など、様々なこともその場で決まり、あとは告知と集客をしながら準備を進めるだけとなりました。

◉突然、キャンセル料の請求が！

それから2か月が経ち、いよいよ開催まで1週間になったある日のこと、大賀さんから一通のメールが届きます。

内容は「人が集まらないので、イベントを中止したい。ついては会場のレストランにキャンセル料を支払わなければならず、応分の負担をしてもらいたい」とのこと。

佐藤さんにとっては、レストランのキャンセル料が発生することは初耳でした。それに、現時点で申し込みがどのくらいあったかも把握していませんでした。

メールを受け取ったのは、佐藤さんがちょうどお子さんとお風呂に入ろうとしていたときで、ざわざわした気持ちのままで心が落ち着かず、すぐにお風呂から出てお子さんを寝かしつけました。

そして大賀さんに電話をしましたが、彼女からは「メールに書いてある通り」の一点張り。具体的な金額は追って伝えると佐藤さんに言うと、一方的に電話を切られてしまいました。その後、ご主人が帰宅しましたが、今の状況をそのまま伝えてもかえって混乱するだけと思い、そのままにしていました。

イベントが中止となった数日後、提示されたキャンセル料は5万円。佐藤さんにはとても納得できるものではありません。再度、大賀さんに電話を掛けました。ですが、感情的なやりとりになってしまい、まったく埒が明かなかったそうです。

その後に届いた郵便で、さらにパニックになります。大賀さんから内容証明付きの書類が届いたのです。しかも、以前にメールで提示してきたキャンセル料だけでなく、イベントの準備費用までも加算された、20万円を越える金額を請求されたのです。さらに、内容証明の最後には、代理弁護人の名前と、要求に応えない場合は訴訟を起こす旨の文言も記載されていました。

佐藤さんは、もうどうすればよいのか分からなくなってしまいました。

◉セラピストをやめることまで考えたが……

その後、仲間のセラピストに相談してもご主人に相談しても、誰も経験のないことなので明確な答えなど分かりません。実際、それ以外に相談できる人も思い当たりませんでした。

「こんな思いをするんだったら、イベントの安請け合いなんてするんじゃなかった。こんなことなら、セラピストもやめてしまいたい……」

それほどに、このときのトラブルは佐藤さんを苦しめました。

すっかり憔悴してしまった佐藤さんに、ご主人が「法テラス」というものがあるとインターネットで探してくれました。法テラスとは、正式名称を「日本司法支援センター」といって、法務省管轄の公的な法人です。ここへ行けば、登録弁護士が初回相談料無料で相談に乗ってくれるというものです。

佐藤さんは、まさに藁をも掴むような思いで法テラスに問い合わせ、最初の相談へ向かいました。そこでは具体的なアドバイスというより問題の整理が中心でした。

この問い合わせをしたことでいくぶん落ち着きを取り戻し、その後、セラピストのトラブルなども手がける法律専門のセラピスト・シェルパ、つまり弁護士と出会います。

相談する際に、事前に整理してあった今までの経緯とやりとりしたメールなど、すべてを見せました。すると、そのシェルパは、法律的な視点でこれからの見通しと、すべきことを端的にアドバイスしてくれたのです。

それから1か月後、大賀さんと和解することができ、トラブルは無事に解決されたのです。

セラピスト・シェルパからもらったアドバイス自体が役立ったことはもちろんですが、法律の専門家と直接話ができたことで冷静さを取り戻せたことも、とても大きかったそうです。

◉生活も気持ちもガタガタ

佐藤さんにとって、トラブルが起こってから解決に至るまでの期間は、生活リズムも気持ちもガタガタだったそうです。

弁護士は法的なアドバイスだけでなく、
不安な気持ちも落ち着かせてくれた！

セラピストの活動にもまったく手がつかず、大賀さんとばったり会ってしまうのではという不安からおちおち外出もできなかったのです。費用や時間もさることながら、日々を前向きに過ごせなくなったことこそが、一番のダメージだったそうです。

このトラブルの後、セラピストの活動を再開した佐藤さんは、コラボレーションをする際には業務契約書を締結するようにしました。これもセラピスト・シェルパからのアドバイスで、トラブルの種を摘み取る方策の一つです。

◉「もしもの事態」との付き合い方

佐藤さんのケースからは、突然降って湧いたトラブルに対して、セラピストがいかに対処するべきかが分かります。法律のような専門分野について、自信を持って対処できるセラピストは少ないでしょう。契約書などの書面を残せばすべてのトラブルを防げるかといえば、それは難しいのが現実です。自分が適切に活動していても、トラブルになるかどうかは結局、相手次第でもあるからです。

だからといって怖がって何もしないのでは、新たな可能性も失ってしまいます。コラボレーションやイベント出展は、新しい価値やスキルを作り出し、新しい人たちとの出会いをもたらします。そうした機会が、セラピストとしての飛躍の助けになったという事例もたくさんあります。

長くセラピストを続けていくには、時代やお客様の求めに応じて、セラピスト自身も、セラピーのスキルも進化していかなければなりません。

トラブルを恐れるあまりに守りに入りすぎれば、時代に取り残されて、かえってセラピスト・ライフを縮めてしまうことも考えられるのです。

長くセラピストとして生きたいなら、思いも寄らぬ事態が降りかかることは念頭に置きつつ、新しい可能性を含めて、自分らしくいられるスタイルを探し求めることです。そして、いざトラブルが起きたときには冷静に対応できることが大切になります。

そんなときに、法律のプロであるセラピスト・シェルパの支援は大きな支えになります。トラブルへの法律的な対処に限らず、経理税務関連や申請書類などの業務を専門的に行っているセラピスト・シェルパも、ロングライフ・セラピストへの道すがら助けてくれる、大切な存在になるはずです。

取材にご協力いただいたセラピスト

▷西村さん
ordermade relaxation salon　mah（マー）
http://www.mah-o-r.com/

▷まつうらさん
Aremiti（アレミティ）
http://nijiironohashi.com/

▷貝之瀬さん・工藤さん
憩いサロンび～ず♪
https://www.facebook.com/ikoisaron/

Chapter 4

セラピスト・シェルパを選ぶ際におさえておきたいこと

失敗しないセラピスト・シェルパ選びとは？

本書では、セラピストが長く活動していくことの価値について、そしてそのための一つのアクションとして、セラピスト支援を専門とするシェルパを活用することを提案してきました。

さらに、現在どのようなシェルパ（専門支援者）がいるのか、適切に依頼して活用するポイントなども紹介してきました。

ただし、セラピストの支援をうたっている人がいたとしても、その人が必ずしもあなたに適したセラピスト・シェルパという保証はありません。

残念ながら、支援を頼んだ結果、セラピー以外の業務が逆に増えてしまったり、挙句の果てにセラピストとしての看板を降ろさざるをえない状況に陥ってしまうという事例もあるのです。

本章では、セラピストが本来の目的を達成するために、セラピスト・シェルパを適切に選ぶポイントを記したいと思います。

なお、自分のことだと気づかないことでも、他人のことなら気づける場合があります。そのため、各項目ごとに「エベレストの登山家とシェルパ」に置き換えて話をします。一歩引いて考えてみると、分かりやすくなるのではないかと思います。

チェック① 煽ったりあせらせてくるシェルパではないか？

シェルパの中には、「今やらないと！」「周りは皆やっている」などの言葉を投げかけて、セラピストに契約させようとする人がいます。

こうした言葉は、主に契約前のワンプッシュとして語られますが、セラピストを煽り、あせらせて、成約につなげようとしているのです。

また、常に煽ったりあせらせたりすることによって、継続的に関係を保とうとするケースもあります。

シェルパとしては、契約数が増えたり契約関係を継続できれば実入りが増えるので、セラピストを離すまいとして、そのような言葉を投げかけるのです。

では、セラピストが、自分にとって適切なシェルパかどうかを見極めるためには、どうすればいいのでしょうか？

例えば、契約のタイミングを遅らせる検討をしていることをほのめかし、その反応を見るといいでしょう。

「今月中の成約でないと」「限定なので、先約が現れたらなくなります」などといった、急がせるような反応があったら、少し注意が必要です。

こう考えてみてください。

あなたがエベレストに登ろうとしている登山家だとして、これからシェルパを雇おうとしているとします。

「早くしないと！」と、契約をあせらせるシェルパは、要注意！

あるシェルパが「今、私と契約しないと、安全には登れないぞ」とか、「他の登山家は皆、この登山具を持っている。ちょうど今、それを持っているから、買わないか?」と声を掛けてきたらどうでしょうか?

きっと、多くの読者の頭の中に黄色信号が灯ったはずです。それは「あれ、おかしいぞ」のサインです。

セラピスト・シェルパがセラピストに提供するサービスは、多くが「契約の早さ」で質が変わるものではありません。むしろ、契約のタイミングがどうであれ、誠実に対応してくれる人のほうが、頼り甲斐があると思いませんか?

自分の知らない分野の専門家と話すのですから、煽られたり、あせらされたりすれば、パニックになってしまうのは無理もありません。

少しでも「おや、おかしいぞ」と感じたら、一歩引いて考えて、その不安を打ち明けてもよいでしょう。コミュニケーションの中で相手の本質を見抜くのは、むしろセラピストの土俵ですから、あせらず慌てず、会話をしてみてください。

チェック② インパクトの強い言葉で押すシェルパではないか？

セラピストとして活動していると、ついインパクトのあるキーワードに反応してしまいがちです。

例えば、集客活動や新規技術習得などの課題があって、その解決策を探しているときは、「集客力○％アップ」とか、「○○で話題の最新の技術」とか、まるで週刊誌のキャッチコピーのようなインパクトのある文句を見ると、つい気になってしまうのが人情です。

これも「煽り文句」の一つですから、一歩引いて見極める必要があります。もちろんインパクトのあるキャッチコピーを使いつつも、誠実に支援活動をしているシェルパもいます。

そのセラピスト・シェルパの使っているキャッチコピーが信頼に足るかどうかを見極める方法としては、こんな方法があります。

例えば、単発のセミナーや情報発信ツールなどを通して、よいことだけでなく現実的な情報を発信しているかどうかです。現実のプロセスについてきちんと伝えているか？　その後のフォローアップもあるか？　などが判断材料になるでしょう。

これも、セラピストを登山家に例えて考えてみましょう。

ある理由から、滞在期間が限られている登山家がいるとします。その理由は、スポンサーからの要求であったり、天候的な理由だったりします。登山家は登頂までの日程を短縮する必要性に迫られています。

そこに、シェルパが「登頂までの時間を○○日間、短縮します」と言って売り込んできました。登山家にとっては、願ったり叶ったりです。

しかし、これも頭の中に黄色信号が灯る場面です。そのシェルパが、どんな方法で期間

魅力的な言葉を駆使して、強く押してくるシェルパは要注意！

を短縮しようとしているのかを、じっくり聞かなければなりません。もしかすると、契約欲しさにインパクト押しで来ているのかもしれません。期間短縮の代わりに遭難するリスクが高まっていないでしょうか。期間短縮を試みたとして、上手くいかなかった場合には安全に下山できるのでしょうか。

これらの疑問を解決できる情報を持っているか、リスクがあるとしても飲めるリスクなのかをよくよく考えるべきでしょう。

セラピストが専門支援を求めてセラピスト・シェルパと交流を持つ際、「願ったり叶ったり」なキャッチコピーであるときほど、いったん冷静になる必要があるのかもしれません。

また、これは支援を受ける側（セラピスト）の問題でもあるのですが、セラピスト・シェルパが公表している実績が、自分にも当てはまると短絡的に錯覚してしまうことがあります。あくまでも、セラピスト・シェルパが言っている実績は事例の一つにすぎません。

過去の実績の一つ一つを整理していて、支援をしても思ったような結果が得られなかった事例などのデータを有し、それをセラピストに伝えてくれる人が頼れるセラピスト・シェルパといえます。

チェック③ 自分が主役になろうとするシェルパではないか？

セラピストが支援を求めるセラピスト・シェルパが、自身のネットワークを持っていることがよくあります。特に、そのセラピスト・シェルパが個人事業主だったり会社のトップだったりする場合、そのシェルパを中心としたネットワークを構築していることがあります。

あるいは、そのセラピスト・シェルパが人として魅力的で応援したくなる存在である場合も、自然にネットワークが構築されていることがあります。

そのネットワークに顔を出すうちに、いつの間にかセラピスト・シェルパの営業活動に加担している……という事例がまれにあります。

当初は自分のサロン経営に役立てるためにセラピスト・シェルパと接触したのに、セラピスト・シェルパの利益のためにセラピストがネットワークに組み込まれてしまうのです。

もちろん、お互いの利益のために関係を持っているのですが、セラピストが本来の活動（セラピー）と違うアクションを求められたら、注意が必要です。

そうならないためには、なぜ自分がその支援を依頼したのかを常に意識しつつ、目の前のセラピーに集中できる距離感を保つことです。それはセラピスト自身が決めることです。ちなみに真のセラピスト・シェルパは支援の際、上手に離れられるように、依存させないように努めています。

これも、登山家とシェルパに例えて考えてみましょう。

登山家が、ある大物シェルパに仕事を依頼しようとしたとします。そのシェルパと会ってみると、とても人当たりがよく、いろいろな人に顔が利くことが分かりました。その大物シェルパからある集まりに呼ばれ、登山家も新しい人脈を作ろうと、その誘いに乗りました。

その集まりに行ってみると、温かく迎え入れてくれました。そのうち、集まりに呼んでくれた大物シェルパが、自分の顔を立てて、他のシェルパを雇ってあげてほしいと頼んできました。

それならばと紹介されたシェルパを雇ったところ、次々と新しいシェルパを連れてきて、雇うように言ってくるようになりました。

これも黄色信号が頭の中に灯ります。

新たに紹介されたシェルパが、当初の登山計画にはなかった人員だとしたら、雇うべきでしょうか？　最初に依頼した大物シェルパが親切心でしてくれているのかしれませんが、もしかしたら他のシェルパから紹介料を受け取っているかもしれません。

また、次々とシェルパが紹介されるので、いつの間にか登山家自身で必要なシェルパを選ばなくなってしまうかもしれません。

この登山家は、誰のための登山なのかを思い出すべきでしょう。

セラピストも同じです。必要に応じてシェルパに仕事を依頼するのはよいのですが、主体性を失わないように心がけるべきなのです。

チェック④　自己体験だけをベースにしたシェルパではないか？

セラピスト・シェルパが元々セラピストとして活動していた場合、自分の過去の成功体験をそのまま支援活動に反映してしまっているケースがあります。「私がサロン経営をしていて編み出した○○」などです。

それは確かに魅力的かつ身近に感じますが、そのシェルパとまったく同じ状況や環境でなければ通用しない可能性があります。

むしろ自身の経験も事例の一つとして受け止め、その経験を超えた幅広い知識をベースにしている人が、真のセラピスト・シェルパといえます。

エベレストの登山家に例えると、ガイドを依頼したシェルパが「去年と同じコースを同じ準備で行けば大丈夫だ」と力説するようなものです。

山の天候は変わりやすく、崖崩れなどで地形が変わることもあります。つまり、同じシチュエーションなど二度とあり得ないのです。ガイドを信じて行ってみたら、去年と同じコースが通れなくて遠回りになり、去年と同じ準備では食料が尽きてしまうかもしれません。

頼りになるシェルパなら様々なシチュエーションを想定して、去年のコースが辿れない可能性を考慮しつつも、必要最低限の荷物に絞った準備を教えてくれるでしょう。

チェック⑤　セラピストの気持ちをよく知らないシェルパではないか？

セラピスト業界のことはよく知っているけど、セラピストの気持ちをよく分かっていないセラピスト・シェルパ……、実はいるんです。たとえ、セラピスト業界に長く関わっていたとしても、セラピストのメンタリティを理解しているかどうかは別問題です。

しかも、セラピストと一口に言っても、スキルやスタイルは十人十色です。完全な理解は無理ですが、ある程度の共感がないと、一緒に仕事をするうえですれ違いが起きやすくなります。

登山家に例えるなら、エベレストには詳しいのに、「どうして登山家が山に登るのか？」

を理解していないシェルパのようなものです。

登山家に「なぜ、山に登るのか？」と聞けば、「そこに山があるから」と答える話があります。それに共感できなかったり勘違いしているシェルパが、果たして最後まで頼りになるでしょうか？　実力はあったとしても、登山家と心から信頼し合うことは難しいように思えます。


チャプター1で触れたように、セラピストは独特な性格(特性)を持った人です。例えば、「困った人がいれば、助けてあげたい」という感覚に共感できないセラピスト・シェルパや、セラピストの活動を単なる金儲けとしか見ないようなセラピスト・シェルパであれば、セラピストは違和感を感じるはずです。

例えば、そのセラピスト・シェルパが書いた文章からにじみ出るものや、会話の中のちょっとしたフレーズなどに、セラピストであるあなた自身が違和感を感じる何かがあるのなら、それは正しい感覚だと思います。

セラピスト・シェルパは、依頼者であるセラピストがどんな感覚を持っているのか？を常に意識しているかどうかで、提供する知識もスキルもまったく変わってくるものです。

このあたりを心得ている人は、真のセラピスト・シェルパといえます。

チェック⑥ 他のシェルパの存在をよく知らないシェルパではないか?

この項目は、注意点というよりも、努力目標です。

残念ながら、他業界と比較してセラピスト・シェルパ同士の関わりが少ないというのが、現在のセラピスト業界の特徴といえます。これには、セラピスト・シェルパが生まれてまだ日が浅いことも関係しています（チャプター1参照）。

古くからある業界では、その業界に属する人々が互いに関係し合って、ときに高め合い、ときに抑制し合う関係性を構築しています。

想像してもらいたいのですが、登山家が依頼するシェルパがたった一人しかいなかったら、どうでしょう？　そのシェルパは、自分の考えを登山家に押しつけるような、ひとりよがりな人物になってしまう気がしませんか？

実際はシェルパはたくさんいて、互いに関係し合っています。ときには協力して大きな仕事をし、ときにはシェルパ業界に損失を出す行動を取らないように抑制し合う関係性でもあります。

また、同業者だけではなく、他業種の人々ともつながらないと仕事が成り立たないことも知っています。

つまり、シェルパは自分一人では物事が完結しないことを承知しているわけです。こうした業界では、ある程度は自分を客観視できる土壌があるといえます。

さて、話はセラピストとセラピスト・シェルパの関係に戻ります。

セラピストは自分の知らないことを専門家に依頼する立場なので、セラピスト・シェルパに依存してしまいがちです。

一方、セラピスト・シェルパとしては、自分の提案が簡単にセラピストに受け入れられやすい状況にあり、またセラピストに直接感謝されることで、支援者としての立場を見失いやすくなります。勢い、自分が主導的な立場だと勘違いしてもおかしくはないでしょう。

こうしたセラピストの依存的な態度と、セラピスト・シェルパの主導的な態度によってできあがった関係性が間違っていることは、客観的に見れば判断できます。しかし、当事者同士にとっては、なかなか気づかないものです。

例えば、「センセイ」と呼ばれる立場にあるセラピスト・シェルパは、自分が支援者であったことを忘れ、主導的な態度を取りがちです。教えを受けるセラピストも、センセイに従うことに疑問を覚えなくなりがちです。

こうした間違った関係性に陥らないためには、セラピストとセラピスト・シェルパの双方とも意識の持ち方に気をつけなければなりません。


セラピストはセラピスト・シェルパに依存せず、自分を客観視して当初の目的（なぜ、セラピスト・シェルパと関係性を持ったのか？）を見失わないことが大切です。また、セラピスト・シェルパになり得る人たちが世の中に無数にいることを知りましょう。

一方のセラピスト・シェルパは、自分の立場（セラピストの業務を助けること）を見失わないようにして、自分以外にもセラピスト・シェルパになり得る人たちが無数にいることを知り、自分を客観視すべきです。

もちろん、お互いを尊重し合うことが大前提になります。

チャプター1でご説明したように、今のセラピスト業界は成熟期でありながら、新たな揺籃期の始まりでもあります。今後のセラピスト業界では、セラピスト・シェルパが増えて、その存在が知られることで、正しい関係性が構築されていくように思われます。

これからセラピスト・シェルパを探すのであれば、前記に挙げた項目を参考にしてみてはいかがでしょうか。

一つ安心してもらいたいのは、ほとんどの専門支援者たちは純粋かつプロフェッショナルなスタンスでセラピストたちと関わっている、ということです。

真のセラピスト・シェルパは、依頼主である目の前のセラピストのことだけではなく、その先にいるセラピーを受けるクライアントのことも深く考えています。「セラピーを受けるクライアントが望むものは何か？」「セラピストが力を発揮するために自分は何ができるのか？」と。

そして、セラピーを受けるクライアントのさらに先にも意識が届いています。「セラピーを受けたクライアントは、どんな社会を作っていくだろうか？」「どんな家庭を築くだろうか？」と。

つまり、真のセラピスト・シェルパは、「正の社会連鎖価値」を目の前のセラピスト支援の中に見出し、活動しているのです。実は、そのスタンスを保つことこそが彼らの喜びであり、プロフェッショナルである所以なのです。

セラピストである我々もまた、真のセラピスト・シェルパとの関係を冷静に構築していく、そんなセラピスト業界が生まれることを願っています。

セラピスト・シェルパの力も大いに活用し、目の前のクライアントのために、そして社会のために、長〜く活躍できるセラピストになろう！

おわりに

「自分がしたいことを、仕事として長く続けたい。そして一生の仕事にするには？」

そんな思いを持つ人に対して、あなたならどう答えますか？

経営や起業に関する書籍を見れば、このようなアドバイスがよく書かれています。


「柱となる収益源を持つ」

「定期収入を得る仕組みを作る」

「一つのことを掘り下げて極める」


なるほど。それらも一理あります。

しかし、私が出会ってきたセラピストのことを考えてみたときに、ふとこんな言葉が浮かんできました。


「もっと甘え上手になってもいいのに」

それは「自分で何でもしよう」という思いが強いセラピストが本当に多いからです。確かにそれは大切なことですが、それゆえにオーバーワークになりやすいともいえます。

「頑張らなくちゃいけないけど、頑張りすぎちゃいけない」という言葉は、セラピストがクライアントにいつも伝えている言葉でしょう。これは、セラピスト自身にも当てはまりませんか？

だからこそ、「セラピストを支えてくれる人たちはたくさんいるから、もっとその人たちに甘えてもいい」……といった考え方を提案してみよう、というのが本書でお伝えしたいことです。

セラピストを支えてくれる人たち――〝セラピスト・シェルパ〟は、すぐそばにいます。セラピストがセラピー・スキルによって、クライアントだけでなく、その周りの人々をも幸せにしたいと考えているのと同じように、セラピスト・シェルパは、セラピストがクライアントの力になる姿を思い浮かべて、手を差し伸べてくれます。

セラピストを支えたい人たちが世の中にはたくさんいるのに、その存在に気づかずに苦しんでいるセラピストがたくさんいる……。その現実を知ったことが、本書を執筆する大きなきっかけでもありました。

セラピストは、もっとセラピスト・シェルパに頼っていいし、甘えていい。それでこそ、セラピストがセラピーに集中できる環境に身を置けて、ロングライフ・セラピストになることができ、そして社会貢献につながるのです。

さて、本書の発売に至るまでお力添えいただいた、すべての方に心から感謝申し上げます。そして企画段階から僕の影武者として寄り添い、心ならずも新たな闘いに挑む私のシェルパに本書を捧げます。

最後になりましたが、本書をお読みいただいた皆様に心からの感謝を申し上げます。読者の皆様が、今後もセラピストというライフワークに心からのやりがいを感じながら、末永く活動を続けるための一助となれたなら、著者として望外の喜びです。

著者◎谷口晋一　Shinichi Taniguchi

セラピストの学校校長。1999年にサロンを7店舗経営。04年セラピスト支援事業「セラポート」を設立。設立5年で全国3200人を超える個人セラピストをネットワーク。11年にセラピストの学校を設立。スクール講義やDVD教材を通して癒し業界を牽引している。著書・監修書に『セラピストの手帖』『即、実行!オンリーワンのセラピストになる!』（小社刊）がある。

◎「セラピストの学校」ホームページ
http://relax-d.com

本文・装丁デザイン＆イラスト ● スタジオシンカー

セラピストは一生の仕事

心づよいミカタとなる、セラピスト・シェルパ 30

2016 年 12 月 10 日　初版第 1 刷発行

著　者　　谷口晋一
発行者　　東口敏郎
発行所　　株式会社 BAB ジャパン
〒 151-0073 東京都渋谷区笹塚 1-30-11 中村ビル
TEL　03-3469-0135　　FAX　03-3469-0162
URL　http://www.bab.co.jp/
E-mail　shop@bab.co.jp
郵便振替 00140-7-116767
印刷・製本　　株式会社暁印刷

ISBN978-4-8142-0022-1 C2077

BOOK Collection

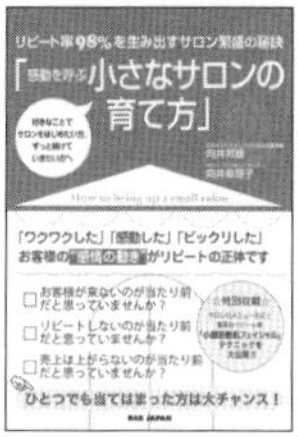

リピート率 98%を生み出すサロン繁盛の秘訣

感動を呼ぶ小さなサロンの育て方

「ワクワクした」「感動した」「ビックリした」お客様の“感情の動き”がリピートの正体です。「どうすればもう一度通っていただけるか」をひたすら考えぬき、長年の歳月をかけ完成したリピートの仕組み。誰にでもマネできる方法をこの一冊につめました。過去を断ち切り、正しく学び、現在の行動を変えることができれば必ず「思い通りの未来」になります。

●向井邦雄、向井麻理子 著　●A5判　●234頁　●本体1,4　00円+税

現場を〝本当に知っている〟エステコンサルタントが生み出した！

新 サロン経営ノウハウ講座

病年間 2,000 人のビューティーセラピストやサロン経営者がクチコミで集う人気の実践型プロ向け経営講座を初公開 !!　「接客マナー」「カウンセリング」「会話力」等のお客様へのアプローチ方法と「メニュー」「物販」「年間計画」などを紹介します。

●森柾秀美 著　●四六判　● 178 頁　●本体 1,600 円+税

女性が幸せになるためのゼロから始める

サロンしたたか開業術

「仕事だけじゃイヤ！」「でも家庭だけに収まるのもイヤ！」。そんなワガママを叶えてくれる粗利600万生活。仕事とプライベートをバランス良く保ちながら「粗利600万」を手に入れることは可能です！　著者の興味深い体験談を盛り込みつつ、充実した人生を送るためのノウハウが満載です。

●太田めぐみ 著　●四六判　●194頁　●本体1,300円+税

感じてわかる！セラピストのための解剖生理

「カラダの見かた、読みかた、触りかた」 カラダという、不思議と未知が溢れた世界。 本書はそんな世界を旅するための、サポート役であり、方位磁石です。そして、旅をするのは、あなた自身！　自らのカラダを動かしたり、触ったりしながら、未知なるカラダワンダーランドを探求していきましょう！　セラピスト、エステティシャンなど様々なボディワーカーに大人気のセミナー講師の体感型解剖生理学入門。

●野見山文宏 著／野見山雅江 イラスト ●四六判　●180頁
●本体1,500円+税

ダニエル・マードン式モダンリンパドレナージュ

リンパの解剖生理学

リンパドレナージュは、 医学や解剖生理の裏付けがある科学的なメソッドです。正しい知識を持って行ってこそ安全に高い効果を発揮できます。本書は、セラピストが施術の際に活かせるように、 リンパのしくみを分かりやすく紹介。 ふんだんなイラストともに、 新しいリンパシステムの理論と基本手技を解説しています。

●高橋結子 著　●A5判　●204頁　●本体1,600円+税